本书为教育部人文社科规划基金项目

“构式语法视角下汉语句式及物性高低转化和承继关系研究”

（项目编号：21YJA740043）的阶段性成果

汉语语态和汉语句法

吴怀成◎著

HANYU YUTAI HE HANYU JUFA

上海三联书店

目　　录

第一章　绪论

1.1　本书的研究对象

西方传统语法把语法分为词法和句法两个部分，由于印欧语具有丰富的形态变化，因此词法（形态学）一直是西方语法研究的核心内容，但是随着乔姆斯基的《句法结构》的出版，句法逐渐成为西方语法研究的核心内容。而在句法研究领域当中，语态又是其中的核心议题之一。通常所谓的语态就是指主动态（active voice）和被动态（passive voice），当然也包括所谓的中动语态（middle voice）。众所周知，被动态和动词的及物性之间的关系是紧密联系在一起的。Siewierska（1984：8）指出，被动态和及物性这两个概念常常交织在一起，以至于很难在谈及其中一个时而不提到另外一个。因为在西方语法理论中，认为被动态是及物动词去及物化的结果。例如：

(1) a. John beat Tom yesterday.

b. Tom was beaten by John yesterday.

一般认为，(1a)是主动态，其中的动词 beat 是及物动词，所以(1a)是及物性小句，而(1b)则是被动态，其中的 beaten 是及物动词 beat 的去及物化形式，所以(1b)是不及物小句。

王志军（2004）曾用能不能被动化来作为鉴别汉语动词是不

是及物性的标准。由此可以看出动词的及物性与被动态之间的密切关系。但是汉语有没有被动态以及汉语的动词有没有及物和不及物的区分，一直是汉语学界的争议问题之一。本书就是想通过对汉语语态和汉语动词的及物性问题的讨论，进而认识汉语句法的本质特征。因此，本书的研究对象就是汉语语态、汉语的及物性以及汉语的句法特征。

1.2 前人相关研究

1.2.1 被动语态相关研究

汉语到底有没有被动语态，汉语的受事主语句（又叫意念被动句）到底属不属于被动范畴，至今还没有达成共识。赵元任（1952:49）认为现代汉语无被动语态，高名凯（1986/2011:226）和洪波（2009）都认为先秦汉语无主动被动之分。而甲柏连孜（2015:177）则认为汉语受事主语句就是汉语的被动句。邢欣（2006）则认为“被”字句到受事主语句形成一个由强调受事和动作过渡到强调状态或结果的语义连续统。李洁（2008:149）认为汉语被动句经历了无形式标记（施受同形）到有专用词汇标记的发展历程。

目前国外从类型学角度研究被动语态已经取得了丰硕的成果。Siewierska(1984)是最早从类型学角度讨论被动语态的。继Siewierska(1984)之后，Klaiman(1991)、Lazard(1995)、Kazenin(2001)、Siewierska(2005) Keenan & Dryer(2007)和 Kulikov(2011)等也从类型学角度讨论了世界语言的被动语态之间的差异问题。Haspelmath(1990)还讨论过世界语言被动句的形式标记的语法化历程。

与被动语态研究相关的还有中动语态的研究，Haspelmath(1990)指出梵语只有主动态和中动态的对立，没有主动态和被动态的对立。Toyota(2008:213)认为英语的中动句是在英语形成严格的主动被动对立以后才形成的。而汉语到底有没有中动句或中动范畴也是一个争议非常大的问题,可参见吴怀成(2020)(本书第四章)。

1.2.2　及物性相关研究

王文丽(2017)对国内外关于动词及物性的研究做过简要的综述。关于国外及物性的研究,她主要参考的是 Kittilä(2002)。根据 Kittilä(2002),就"及物性"定义而言,国外语言学界大致有四种不同的定义:一、语义定义(传统的及物性定义),认为及物性是行为的影响从施事传递到受事,如 Lyons(1968:350)和 Tsunoda(1994:4671);二、结构定义,认为只要句子含有两个论元就是及物性小句,如 Jacobsen(1985:89);三、语用定义,即除了建立在形态-句法或语义特征之上的定义都是语用定义,如 Wierzbicka(1996:410)认为相同的行为根据视角不同可以被看作及物的,也可以被看作不及物的;四、多维定义,认为及物性定义并不是强调及物性的某一个方面或特征,而是尽量穷尽性地综合许多不同的及物性特征来描写及物性,如 Hopper & Thompson (1980)和 Lakoff(1977:244)。

关于国内及物性的研究,早期研究(王文丽,2017)主要参考的是吴锡根、李志仁(1996)。根据吴锡根、李志仁(1996),20 世纪 90 年代中期以前关于汉语动词及物性问题的研究,从马建忠的《马氏文通》把动词分为"外动字"和"内动字"开始,到黎锦熙的《新著国语文法》把动词分为"外动词"和"内动词",此后,几乎所有汉语语法著作都会讨论动词的及物性问题。但是,主要集中于以下三个方面的问题上:1. 划分及物动词和不及物动词的可能性和必要性;2. 划分及物动词和不及物动词的标准;3. 及物与不及物动词的下位分类。在 20 世纪 90 年代中期以后,关于汉语及物性问题的研究仍然有不少,王文丽(2017)归纳为以下六个方面的研究:1. 及物性有高低等级或典型性差异方面的研究,如王志军(2004);2. 不及物动词带宾语现象方面的研究,如郭继懋(1999);3. 及物动词和不及物动词的下位分类方面的研究,如徐杰(2001);4. 及物性与汉语句式方面的研究,如王惠(1997);5. 特殊不及物动词方面的研究,如陈昌来、胡建锋(2003);6. 及物性的理论思考方面的研究,如吴义诚、李艳芝(2014)。

根据前辈学者的研究可以知道,目前汉语动词的及物性问题还没有一个统一的认识,至少存在以下四种不同的观点:1."及物性不可区分"说,即汉语动词不能区分及物动词和不及物动词,以高名凯(1986/2011:239)为代表;2."及物性汉语特性"说,即对汉语动词的及物动词和不及物动词提出自己的划分意见,以吕叔湘(1947/1985)为代表;3. 沿袭旧说,即承袭传统语法观,认为汉语动词也有及物和不及物区分,但是缺乏论证(多数汉语语法学者);4."及物性包含"说,即汉语不及物动词包含及物动词,以王文丽、陈昌来(2017)为代表。沈家煊(2019:55)甚至认为在汉语中,动词并不作及物不及物的严格区分,这种区分对汉语来说不重要。

1.3 本书的研究目的和内容

纵观研究现状,我们可以看出无论在汉语语态研究方面还是在汉语动词的及物性研究方面,都存在一些悬而未决的问题,而且这些问题都是关于汉语句法特征的根本性问题,如果这些问题不能很好地解决,那么人们就无法认清汉语的句法特征和句法类型。本书的研究目的就是想对汉语语态和汉语及物性方面的有争议的难题作进一步的探索,从而帮助人们认清汉语句法的本质特征。

第一章简要介绍本书的研究对象、前人研究综述、本书的研究目的和内容;第二章主要讨论了被动语态的类型学研究成果、被动语态与及物性和作格性的关系等;第三章讨论了印欧语中动语态的历时发展和共时差异、中动语态的本质、英语中动语态和其他印欧语中同类中动语态之间的差异等;第四章讨论了中动句的特征和类型、汉语所谓的中动语态以及汉语取消中动语态的意义等;第五章讨论了什么是作格性以及汉语的作格性等;第六章讨论了及物动词的典型用法和判定标准、汉语及物动词的低及物用法和非及物用法等;第七章讨论了汉语不及物动词带宾语现象及其产生机制等;第八章讨论了汉语“把”“被”同现句及其产生机制、汉语介词“把”的性质等;第九章讨论了处置类受事主语句以及处置与被动之间的关系等;第十章为余论,对全书作一个总结。

本书附录部分有两篇文章:一篇为“对汉语语言单位层级划分的反思”,另一篇为“音节奇偶、句子骈散和对言语法”。两篇文章讨论的问题都是汉语语法的基础性问题,也是汉语语法的热点问题,它们虽然与语态和及物性没有直接的联系,但是它们在语法研究中的位置相当重要:基本语言单位是语法理论体系构建的基础,而汉语基本的交际单位小句的性质和特点,必然也与句法的组织原则有关,同时又是语篇建构的基础。

第二章　被动语态的类型学研究[①]

2.1　何谓被动态

什么是被动态（passive voice），至今在语言学界仍然存在很大的争议。Siewierska（1984：256）认为被动作为一个结构也许具有以下三个特征：（1）被动结构有一个对应的主动结构，并且主动结构的主语不能作为被动结构的主语；（2）被动所表示的事件或行为并非是由被动结构的主语所表示的人或事物引起的，而是由相应的主动结构的主语引起的；（3）引起被动事件或行为的人或事物如果不是明示的，那至少是强烈地隐含的。Siewierska（1984：258）转引 Sinha（1978）对被动态的看法是：（1）动词直接作用的论元（未必是受事或宾语）以某种方式受到影响；（2）受影响的论元所处于的状态是由一个明显的或暗含的原因（未必是施事）所引起的。Lazard（1995）指出，跨语言的使用上，"被动"不是一个具有清晰边界的完美定义，被称作"被动"的东西可以包含下列一些不同的形式[②]：（ⅰ）V 变成了 Vp（被动态），Y 变成主语，X

① 本章已在《常熟理工学院学报》2018 年第 6 期上发表。

② X、Y、V 分别代表主语、宾语和动词。

消失或变成 Xn(n 等于斜格标记):这是典型的印欧语中的被动;(ⅱ)V 变成 Vp, Y 保持不变,X 消失或变成 Xn:这是法语中所谓的非人称被动(impersonal passive);(ⅲ)V 变成 Vp, X 和 Y 保持不变(Jinghpaw 语[①]);(ⅳ)V 变成 Vr(反身),Y 变成主语,X 消失或变成 Xn(俄语);(ⅴ)V 变成 Vr, Y 保持不变,X 消失:"非人称"(西班牙语);(ⅵ)V 保持不变,Y 变成主语,X 消失或变成 Xn(汉语)。Siewierska(2005)认为,具有下列五个属性的结构才能被认定为被动句:(ⅰ)它与另一个主动句对立;(ⅱ)主动句的主语对应于被动句的一个非必有的斜格短语;(ⅲ)被动的主语(如果有的话)对应于主动句的直接宾语;(ⅳ)相对主动句来说被动句在语用上受到一定的限制;(ⅴ)被动句展示出一些动词的形态标记。根据上述定义,她考察了 373 种语言,认为有被动句的语言有 162 个(约占 43.4%),而无被动句的语言有 211 个(约占 56.6%)。Keenan& Dryer(2007)则认为被动属于一种前景化和背景化操作,被动是以某种方式由派生出的动词短语而形成的。他们认为基本被动态(basic passives)区别于其他被动态的特点是:(ⅰ)无施事短语出现;(ⅱ)主要动词的非被动形式是及物动词;(ⅲ)主要动词表达的是一种行为,在其非被动形式中一般以施事作主语,以受事作宾语。

从以上学者对被动态的讨论,我们可以总结如下:

(1) 很多学者都认为被动态是与主动态相对的(Siewierska1984:256/2005、Lazard1995、Keenan& Dryer2007);

(2) 被动态中的谓语动词有一个被动化操作过程(派生过程)(Siewierska2005、Lazard1995、Keenan& Dryer2007);

(3) 被动态中有一个明示的或暗示的引起被动事件或行为发生的原因,通常不出现,如果出现往往以斜格的形式出现

---

① 汉藏语系,缅甸和中国云南境内的景颇语。

(Sinha1978、Siewierska1984：256/2005、Lazard1995、Keenan& Dryer2007)。

上面三点可以看作是人们对被动态的一般性看法，但是从以上学者对被动态的讨论，还有一些值得注意的地方，分别是：

(1) 被动态的主语未必是动词直接作用的对象(Sinha1978)，如“刀被砍坏了”中的“刀”是工具不是受事；

(2) Lazard(1995)讨论的六种情况实际上可以概括为四种情况：(a)(ⅰ)和(ⅳ)合并，它们之间的区别实际上就是动词被动态的构成方式的差异，俄语的动词的反身形式就相当于典型印欧语的被动形式；(b)(ⅱ)和(ⅴ)合并，它们的差异实际上就是非人称被动结构的构成方式不同；(c)(ⅲ)自成一类，这种被动态相当于Klaiman(1991)讨论的反向态(inverse voice)；(d)(ⅵ)自成一类，因为按照多数学者对被动态的看法，由于汉语动词没有专门的被动态形式，所以汉语可能没有被动态；

(3) Siewierska(2005)认为有的语言没有被动态，Keenan& Dryer 则认为存在没有被动态的语言①。

2.2 被动态的类型学研究成果

据我们所知，从类型学角度讨论被动态的成果主要有Klaiman(1991)、Lazard(1995)、Kazenin(2001)、Siewierska(2005)、Keenan& Dryer(2007)和 Kulikov(2011)等人的研究。下面我们分别对以上成果简要加以介绍。

2.2.1 Klaiman(1991)的研究

Klaiman 实际上把态(voice)分成三大类型：基本语态(basic

① 尽管 Keenan&Dryer(2007)认为有的语言可能没有基本被动结构，但是这些语言可能存在非基本被动结构。

voice)、派生语态(derived voice)和语用语态(pragmatic voice)。基本语态包括主动态(active voice)和中动态(middle voice),派生语态包括被动态(passive voice)和逆被动态(anti-passive voice),语用语态包括反向态(inverse voice)和焦点态(focus voice)。

基本语态除了主动态以外,主要指印欧语中的中动态(middle voice)[①],如下面古梵语的例子所示(Klaiman 1991:24):

(1) a. Devadattaḥ　　kaṭaṃ　　karoti
　　人名-主格　　席子-宾格　做-单数.主动
　　Devadatta 做了一个席子。

b. Devadattaḥ　　kaṭaṃ　　kurute
　　人名-主格　　席子-宾格　做-单数.中动
　　Devadatta(给自己)做了一个席子。

上面的例(1a)和例(1b)之间的主动/中动对立与一般所谓的主动/被动对立的不同之处有:一、主动/中动对立不改变语法关系,即上例中的 Devadattaḥ 在主动句和中动句中都是主语,kaṭaṃ 在主动句和中动句中都是宾语,而被动句的主语往往对应于主动句的宾语;二、主动/中动对立不改变小句的性质,即主动句和中动句都是及物性小句,而被动句通常认为是主动句的去及物化(detransitivization)操作的结果,所以属于不及物小句。因此,Klaiman 把印欧语中如例(1b)的中动句看作基本语态。

派生语态包括被动态和逆被动态,它们都是从主动语态通过去及物化操作得到的,被动态凸显受事主语,如下面的例(2b),而逆被动态则凸显施事主语,如下面的例(3b)。

---

① 中动态(middle voice)在印欧语中,除了指英语中的"The book sells easily"这类句子,还包括梵语和古希腊语中与主动态相对的表示"行为或状态影响动词的主语或主语的兴趣"的一种语态(Lyons1968:373、Klaiman1991:24、Kemmer1993:1),也包括及物-不及物交替动词所构成的不及物句,如"The ship sank."(Keenan&Dryer2007:352、Li & Thompson1994:235)。

(2) 斯瓦希里语(非洲班图语)(Siewierska2005)

a. Hamisi a-li-pik-a chakula
人名 3单-过去时-做-直陈 食物
Hamisi做了这个/一些食物。

b. chakula a-li-pik-m-a (na Hamisi)
食物 3单-过去时-做-被动-直陈 (被人名)
食物(被Hamisi)做好了。

(3) 楚科奇语(俄罗斯远东)(Polinsky2005)

a. ʔaaček-a kimitʔ-ən ne-nlʔetet-ən
青年-作格 重物-对格 3复.主-背-过去式.3单.宾
这些青年背着一个/这个重物。

b. ʔaaček-ət ine-nlʔetet-gʔe-t kimitʔ-e
青年-对格 逆被动-背-过去式.3单.主-复 重物-工具格
这些青年背着一个重物。

上面的例(2b)是对例(2a)中的施事进行降级操作,做介词"被"的宾语,而且整个介词短语可以省略;例(3b)是对例(3a)中的受事进行降级操作,受事带上工具格,而主语由(3a)中的作格变成了(3b)中的对格,与(3a)中的宾语带同一种格标记。总之,(2b)和(3b)都是由相应的主动句派生而来的不及物小句,因此被动态和逆被动态都是派生语态。

语用语态包括反向态和焦点态,其中反向态指的是一种论元结构和语序都不发生变化,只是通过动词形态来标记施受关系发生变化的一种语态,如下面例(4b);而焦点态主要指的是论元结构同样不发生变化,只是通过动词词缀和论元前的焦点标记来凸显该论元的一种语态,如下面的例(5b-d)。

(4) Plains Cree 语(北美土著语)(Klaiman1991:32)

a. Ni-sēkih -ā -nān atim
1-惊吓 -主题.正向 1.复 狗
我们吓唬这只狗。

b. Ni-sēkih -iko -nān atim
1-惊吓 -主题.反向 1.复 狗
这只狗吓唬我们。

(5) Cebuano 语(菲律宾)(Klaiman1991:247)

a. Ni- hatag si Juan sa libro sa bata
施事态- 给 焦点 人名 目标 书 方向 孩子
Juan 把这本书给了这个孩子。

b. Gi- hatag ni Juan ang libro sa bata
目标态- 给 施事 人名 焦点 书 方向 孩子
Juan 把这本书给了这个孩子。

c. Gi- hatag -an ang bata ni
方向态- 给 -方向态 焦点 孩子 施事
Juan sa libro
人名 目标 书
Juan 把这本书给了这个孩子。

d. I- hiwa ang kutsilyo sa
工具态- 砍 焦点 刀子 目标
manga ni Maria
芒果 施事 人名
Maria 用刀子切了这个芒果。

上面(4b)是反向态,与正向态(4a)的差异只是动词的态后缀不同。例(5a)是施事态,动词前缀是 ni,焦点标记 si 在施事 Juan 前面,凸显施事 Juan;例(5b)是目标态,动词前缀是 gi,焦点标记 ang 在目标前面,凸显目标"书";例(5c)是方向态,使用框缀 gi……an,焦点标记 ang 在方向前面,凸显方向"孩子";例(5d)是工具态,动词前缀是 i，焦点标记 ang 在工具前面，凸显工具“刀子”。

2.2.2 Lazard(1995)和 Kazenin(2001)的研究

Lazard(1995)的文章并非专门研究语态的，但是他在 2.2 节着重讨论了态(diathesis)，包括被动态和逆被动态。关于不同语言中什么样的结构可以算作被动态，Lazard 一共列了六种类型(见 2.1 节)。也就是说，不同的语言其被动态表现形式很不一样。

Kazenin(2001)讨论了被动语态的定义、被动语态的形态、被动结构的句法、被动语态的功能、被动语态的“派生 vs 基本”的地位、被动语态的跨语言分布、被动语态与其他语法现象的关系等问题。

Kazenin 接受 Haspelmath(1990：27)对被动态的定义，即符合以下五点特征的可以叫作被动结构：

(ⅰ)动词形式是从形态上派生于无标记的主动结构；

(ⅱ)行为者(actor)要么没有表达出来，要么通过一个非必有的斜格短语(oblique phrase)表达出来；

(ⅲ)主语(如果有)不是行为者；

(ⅳ)其分布与无标记的主动态结构相比受到某种程度的限制；

(ⅴ)被动结构的命题语义与主动结构的命题语义一致，尤其是它们的参与者数量和语义角色都没有改变。

从被动态的构成角度，Kazenin 把被动态分为综合型被动态(synthetic voice)和分析型被动态(analytic voice)。综合型被动态的构成主要靠通过在动词词干上添加表被动的语素等方式构成，而分析型被动态则主要靠添加助词构成。

关于被动态的句法，Kazenin 主要讨论了被动化中可以提升到被动句主语位置的可及性等级和被动句中行为者的表达问题。主动句中哪些成分可以提升到被动句主语位置，可以用下面的可及性等级来表示：

(6) 直接宾语＞间接宾语＞附加语

这个可及性等级表明，主动句的直接宾语最可能成为被动句的主语，而附加语则最不容易成为被动句的主语。行为者在被动句中要么不出现，要么通过斜格短语的形式出现。有的语言中行为者既可以在被动句中出现，也可以不出现，但是有的语言禁止行为者出现在被动句中，如 Latvian 语（印欧语系，拉脱维亚）、Ute 语（美洲土著语，美国）、Fula 语（尼日尔-刚果语系，西非）等；而以斜格短语的形式出现的行为者，斜格具体表现为工具格、处所格或领有格等。

一般认为被动结构的形成包括两个过程：主动态的宾语提升（promotion）和主动态的主语降级（demotion）。而实际上这两个过程都很难作为被动态的核心句法功能，因为有的语言不及物动词也可以构成被动态，这就导致没有宾语可以提升的问题，所以 Comrie（1977）认为主语降级是被动态的唯一的核心句法功能。然而还有一些语言，主语降级的同时并不伴随着非主语的提升，例如：

(7) 威尔士语（Welsh）（Kazenin2001）

Lladdwyd　dyn　(gan　ddraig)

系词-杀死　男人　（被　恶人）

一个男的被一个恶人杀死了。

例(7)中，受事“男人”不是主语，因为动词与受事在人称和数上没有一致关系，而威尔士语的动词常与主语存在一致关系；另外，如果受事是代词时可以像直接宾语那样附缀化（cliticize）于动词的某一情态标记上面。这种没有非主语提升的被动态通常称作非人称被动态（impersonal passive）。

Kazenin 还介绍了其他学者对被动态的核心功能的看法。Shibatani（1985）认为，行为者去焦点化（de-focusing）是被动态的本质功能[①]；Foley& Van Valin(1985)则承认被动态有两个独立的功能：行为者背景化和非行为者前景化。总之，Kazenin 倾向于认为被动态的核心功能是凸显受事。

关于被动态的“派生 vs 基本”的地位问题，早期生成语法一般都认为被动态是一个句法派生的范畴。但是受 Chomsky (1970)关于名词化的词汇主义影响，后来的生成语法学者开始认为被动态也是基础生成的(base-genetated)。与生成语法学派关于被动句的“派生 vs 基本”观点大为不同的是现代功能主义对被动态的研究，尤其是 Klaiman(1988)和 Croft(1994)，他们认为被动态主要是显示主语的语义或语用地位的，如它对行为的控制力、它受行为的影响性、它的话题性等。

在讨论被动态的分布时，Kazenin 提到了存在没有被动态的语言。而没有被动态的语言与该语言很难辨认某一论元的主语地位有关，如所谓的话题凸显型(topic-prominent)语言从未证实存在被动态，还有一些作格语言缺少所谓的被动态是因为这些语言没有辨识主语范畴的基础：这些语言的论元编码完全取决于它们的语义角色而不是句法关系。

在讨论被动态与其他语言现象时，Kazenin 讨论了被动态与反向态、被动态与作格性和逆被动态等问题。Kazenin 认为反向态与被动态既有相似之处也有不同之处，相似之处是受事的语用地位超过了施事的语用地位，而不同之处则是反向态并不是不及物的。

Kazenin 指出，早期研究作格性的学者甚至认为作格结构等同于被动结构。但是随着对作格性研究的深入，早期的研究明显

---

① Kazenin 指出，Givón 从指称距离和话题保持角度对施事和受事在主动态和被动态中的话语地位进行跨语言研究显示，都很难把施事的语用降级和受事的语用提升作为被动态的核心功能。

不能成立，因为：(1)从被动态定义可以看出，被动派生于主动，而作格结构则是无标记的和非派生的；(2)在作格结构中，受事并不总是拥有主语的核心句法优势(并列删除控制，关系化优先，凸显左侧线性位置等)；(3)有的作格语言存在从作格结构派生而来的被动态。逆被动态是一种受事降级的语言现象，主要存在于作格语言，Kazenin 引用 Nichols(1992:158)提出的一个共性原则来说明被动态与逆被动态的关系：假如一个语言有逆被动态而无被动态，那么这个语言是作格语言。

2.2.3　Siewierska(2005)的研究

Siewierska 首先指出，在其所调查的 373 种语言中，有被动结构的语言 162 种，无被动结构的语言 211 种。Siewierska 主要讨论以下几个问题：(1)被动态的定义，她认为一个结构可以称作被动应该具有五个特征(见上面第一节)；(2)被动态的分类，她也认为从构成方式上看被动结构可以分为综合型和分析型；(3)非人称被动态，即只有施事降级的被动态叫作非人称被动态(可参见上文 Kazenin 的讨论)；(4)逆致使(anticausative)、反向态(inverse)和菲律宾语的焦点结构。她认为逆致使(又叫中动(middle 或 mediopassive))在受事作主语且没有施事出现方面与被动相似，但是逆致使没有隐含的施事，这一点与被动又不同。而且逆致使所描写的事态或事件似乎是自然发生的，并不涉及施事，如下面的例(8b)。

(8) a. The door was opened deliberately.

b. The door opened (* deliberately).

Siewierska 指出，反向态与被动态尽管在语用功能上有相似之处，但是它们之间还是存在一定的差异的：(1)被动态的施事即使出现也无话题性，但是反向态的施事保留一定的话题性；(2)被动态的施事即使出现也是属于附加语(adjunct)，而反向态的施事是句法论元，且决定动词的一致关系范畴或参与各种句法过程。

Siewierska 明确反对把菲律宾语中的一些所谓的非行为者焦点结构（non-actor focus constructions）看作被动态。

2.2.4 Keenan & Dryer（2007）的研究

Keenan & Dryer 首先明确指出被动态属于前景化和背景化操作，但是被动态又与话题化（如 Beans I like.）和左偏置（如 As for the President, congressmen don't respect him any more.）都不一样，因为被动态的形成发生在动词短语的句法层面，而话题化和左偏置发生在句子的句法层面。然后，Keenan & Dryer 分别讨论了以下几个问题：(1)典型被动态的句法语义属性；(2)偏离典型被动态句法语义属性的被动态；(3)与被动态相似的结构；(4)被动态在语法中扮演的角色。

典型被动态就是 Keenan & Dryer 所谓的基本被动态，具有三个特征（见上文第一节）。他们之所以称之为基本被动态是因为这种被动态是跨语言分布最广的被动态。下面是他们对基本被动态分布所做的跨语言概括①：

G-1：有些语言没有被动态（实际上指没有基本被动态，笔者注）②。

G-2：如果一种语言有被动态，那么它可能有基本被动态且可能只有基本被动态。

Keenan & Dryer 还对 G2 做进一步的扩展概括：

G-2.1：如果一种语言被动态含有施事短语，那么这种语言也有不含施事短语的被动态。

G-2.2：如果一种语言的静态动词（如“缺少”、“有”等）有被

---

① G 是 generalization 的第一个字母。

② Keenan&Dryer 还对没有被动态语言要表达有被动态语言的这种被动功能做了简要讨论，即这些语言可能有其他替代手段，诸如施事用第三人称复数表示（如“他们盖了这个房子”相当于“这个房子被盖好了”）、直接把施事论元删除、施事用不定代词等。

动态，那么这种语言的表示事件的动词(verbs denoting events)也有被动态。

G－2.3：如果一种语言的不及物动词有被动态，那么这种语言的及物动词也有被动态。

Keenan & Dryer 在讨论基本被动态的句法形式时，根据被动态的构成是否依靠助动词，把含有助动词的被动态叫作“迂回式被动态”(相当于前文的分析型被动态)，把无助动词的被动态叫作“严格形态式被动态”(相当于前文的综合型被动态)。

Keenan & Dryer 在讨论基本被动态的语义时，他们指出，被动态是由主动态派生而来似乎意味着被动态仅仅是对相应主动态的释义，而事实并不是这样，从下面的两组例子便可以看出：

(9) a. John was kissed by Mary.

　　b. Mary kissed John.

(10) a. Each child was kissed by no politician.

　　b. No politician kissed each child.

上面的例(9a)和(9b)在逻辑语义上也许等值，但是例(10a)在逻辑语义上绝对不等于(10b)。据此，他们对被动态的语义做出了如下概括：

G－3：拥有基本被动态的语言通常有两个或两个以上形式不同的被动结构。

另外，同一语言不同形式的被动结构很可能在体(aspect)和主语的受影响程度方面的语义存在差异。关于体方面的语义差异概括如下：

G－4：如果一种语言有不同形式的被动结构，那么它会有用于表达完成义的被动结构。

G－5：如果一种语言有两个或两个以上基本的被动结构，那么它们很有可能在表示体的范围方面存在语义差异。

俄语既有专门的表达未完成体的被动结构，也有表达完成体的被动结构。G－4说明没有语言只有表达未完成体的被动结构。

Keenan & Dryer对主语受影响程度方面的概括如下：

G－6：被动态的主语，当它可以显示为主动态的及物动词宾语时，总是被理解为受到这一行为动词的影响。

G－7：同一语言的不同被动结构在主语的受影响程度方面也许不一样，尽管这种受影响程度的差异在分布上没有体的差异广泛，也不管主语是积极地受到影响还是消极地受到影响。

Keenan & Dryer讨论完基本被动态后接着讨论非基本被动态。作者把含有施事短语的被动态称为非基本被动态，并讨论了施事短语的表达形式，如使用工具格(instrumentals)、处所格(locatives)和领有格(genatives)等。除了含有施事短语的被动态叫作非基本被动态外，Keenan & Dryer还把不及物动词构成的被动态、三价动词构成的被动态、非受事主语构成的被动态统一作为非基本被动态加以讨论。

Keenan & Dryer还讨论了一些像被动态的结构，如中动态(如不及物－及物交替现象等)、非具体的主语结构(unspecified subject construction)(即主语用“人们”或“他们”表示)、反向态(如上文例(4))、逆被动态(如前文例(3))等。

至于被动态在语法中扮演的角色，Keenan & Dryer认为，有些语言中许多重要的句法操作依赖被动态。如马达加斯加语和一些菲律宾语中只有主句的主语才可以关系化，因此这些语言中不能说“这个男人洗的这件衣服”(the clothes that the man washed)，那么要表达“这个男人洗的这件衣服”就必须依赖被动态，说成“被这个男人所洗的这件衣服(the clothes that were washed by the man)”。

2.2.5 Kulikov(2011)的研究

Kulikov(2011)包括五个部分：(1)术语和基本定义；(2)语态运算；(3)语态之间的关系；(4)语态的语义和语态转换的语义效

果;(5)语态标记的历时来源。

语态范畴可以追溯到古希腊语法传统,当时被称作"排列"或"配置"(diathesis)。两种配置之间的形式对立,即"执行(performance)"和"经历(experience)"(后来在拉丁语法中分别称作"主动"(activum)和"被动"(passivum),相当于两种动词屈折形态的对立,这种形态对立在现代的术语就是主动(active)和中动(middle)。拉丁语法学家接受作为主动、被动动词形式对立的语态(diathesis)概念。在现代英语和法语语法传统中,他们所指的主动被动形式或结构的对立如下面例(11)所示:

(11) a. Jack builds the house.

　　b. The house is built (by Jack).

Kulikov 认为语态(diathesis)是由语义论元向句法功能(语法关系)投射(mapping)型式决定的,它与动词的价关系密切。行为者(actor, X)投射为主语(S, NOM),经历者(undergoer, Y)投射为宾语(Do, ACC)[①]是常态和无标记的,成为及物动词的基本态或中性态。句法型式的改变可以很容易地通过语态改变加以描写,及物动词的基本态转换为被动态表明发生以下两种句法现象:(1)原来的直接宾语提升到主语位置;(2) 原来的主语降级,降级表现为用斜格表示或从句法结构中移除(不出现)。这种被动化过程如下图所示:

X	Y
S	DO

⇨

X	Y
OBL/-	S

Kulikov(2011:373)指出,学界对语态定义各不相同,差异主要取决于优先考虑句法、形态还是语义。他认为语言中存在无形

① Kulikov(2011)用 X、Y 等代表语义角色,用 S、DO、IO 代表主语、直接宾语、间接宾语;NOM、ACC、OBL 等属于格标记,分别代表主格、宾格和斜格。

态标记的语态转换，主要表现为易变动词(labile verbs)，例如：

(12) a. John opened the door.

b. The door opended.

在文章第二节(语态运算部分)，Kulikov 讨论了以下三种现象：一是不影响语义角色的语态转换；二是保留语义角色但是对其有特定操作的句法转换；三是不保留语义角色的句法转换。在不影响语义角色的语态转换部分，作者主要讨论了被动态和逆被动态；在保留语义角色但是对其有特定操作的句法转换部分，作者讨论了反身(reflexive)和相互(reciprocal)；在不保留语义角色的句法转换部分，作者讨论了增价派生(valency-increasing derivation)(如致使化现象)和减价派生(Valency-decreasing derivation)(如逆致使现象)。

在语态之间的关系部分，Kulikov 着重讨论了中动态和致使-被动多义性。这里的中动态主要指印欧语中有的语言(如俄语)表"反身"的语素所构成的中动态；致使-被动多义性指的是有的语言(如 Manchu 语，即我国境内的满族语)致使形态和被动形态用同一个语素表示的语言现象。

在语态的语义和语态转换的语义效果部分，Kulikov 讨论了致使(causative)、受益(benefactive)、双系式(applicative)[①]、中动和被动等语态的语义，其中指出了几位学者对被动态使用条件和效果的看法，如 Hopper& Thompson(1980)认为在话语的背景部分常使用被动态，Shibatani(1985)和 Givón(2001：125)认为被动态把语义焦点置于非施事论元(经历者或主体)并且对施事或行为者进行去话题化(去焦点或抑制)，Haspelmath(1990)和

① 动词的双系词缀将一系列不同角色，如受益者和处所，实现为宾语。双系式可以分析为一种态，注意的焦点在宾语的类型而不在主语与宾语的关系。双系式广泛见于诸班图语言(Yi &Siewierska2011)。

Kazenin(2001:908)认为被动化常常(非总是)伴随着事态的静态化(stativization)和非行为化(inactivization)等。

关于被动标记的来源,Kulikov 指出,印欧语系中有一些语言的减价语素,如被动、反身或中动等,常常来源于反身代词。Maasai 语(肯尼亚和坦桑尼亚境内)的被动标记来源于第三人称代词的复数形式。作者同时还举例了一些致使语素、双系式语素等的来源。

2.2.6 本节总结

通过以上六位学者关于被动态研究的介绍,我们可以看出:一、有学者认为世界上存在无被动态的语言;二、语态不仅仅只有被动态这种语言现象,还包括逆被动态、反向态、焦点态,甚至还包括致使化和逆致使化;三、汉语有没有被动态是存在争议的,Lazard 认为汉语存在被动态,而认为被动态是一种动词语法范畴的学者则倾向于认为汉语没有被动态;四、被动态未必只存在于及物动词之中,有些不及物动词可能也可以构成被动态;五、被动态的句法功能到底是受事提升还是施事降级抑或是二者兼而有之,这个问题也存在争议;六、被动态的本质功能是什么也有争议,是行为者去焦点化还是行为者的背景化(backgrounding)和非行为者的前景化(foregrounding),抑或是事态的静态化和非行为化;七、被动化是一种去及物化的手段;八、被动态从构成上看,一般可以分为分析型和综合型两种。

总之,尽管对被动态的认识和看法,不同学者可能持不同见解,但是通过以上关于被动态的类型学研究成果的介绍,我们可以对被动态有一个较为全面的认识。

2.3 被动态与及物性和作格性的关系

被动态与及物性和作格性的关系在以往文献中讨论句法关

系或作格的形成时均有涉及。这说明被动态在句法研究中的地位是非常重要的。Siewierska(1984:8)指出,随便翻翻语言学文献,都可以看到被动态常常有另一个语言学概念(即及物性)与之相伴,而且实际上这两个概念常常交织在一起以至于很难在谈及其中一个时而不提到另外一个。她进一步指出,有两个主要问题常常谈及被动态和及物性:一是什么样的主动句才有相应的被动句或者说从转换的角度看什么样的结构条件使得被动化(passivization)得以发生,对于大多数语言学家来说决定性因素就是及物性;二是关于被动句的及物/不及物地位的争议,一般来说,传统上没有评论被动句是及物性的还是不及物性的这样一种习惯,被动句的不及物性被认为是理所当然的,但是近年来的语言类型学研究开始质疑被动句的不及物性假设。

有一些学者认为作格性来源于被动态(Trask1979、Estival & Myhill1988),但是 Kazenin(2001)指出,通过 20 世纪七八十年代对作格性的深入研究,彻底削弱了作格性来源于被动态这种分析的基础,理由有三:一、根据被动的定义,被动态派生于相应的主动态,而对于作格结构来说,这就不正确,因为作格结构是无标记的,并非来源于其他结构(至少从共时平面上看);二、在作格结构中,受事并不总是拥有主语所具备的重要句法特性(如并列删除控制、关系化的优先性和线性位置的最左向凸显等),也就是说受事拥有主语句法特征只存在于少数句法作格性语言(Dixon1994:143－181),而被动结构中受事完全拥有主语所具有的句法特性;三、存在一些作格语言,它们本身拥有派生于作格结构的被动结构,很自然,如果一个结构本身就是被动态结构,人们很难指望再由它派生出另一个被动结构。

由此可以看出,对被动态的研究可以深化人们对及物性和作格性的认识,因此被动态在句法研究中的地位非常重要。

2.4 对汉语研究的启示

由于被动态在句法研究中具有重要的地位，因此对被动态进行系统的研究也许是研究一种语言的句法类型的一个切入点。我们认为通过对被动态进行跨语言研究，至少可以给汉语语法研究带来以下若干启示：

其一，汉语学界一般认为所谓的受事主语句是无标记被动句，而“被”字句则是有标记被动句，但是至今没有文献专门讨论过为何汉语存在这两种类型的被动句，它们之间的关系是什么？

其二，汉语的受事主语句能不能算作国外语言学家所谓的非人称被动句；汉语的“有人打了他一顿”这种句子算不算 Keenan & Dryer(2007)所谓的无被动态语言的一种表达类似被动态的替代手段，抑或是 Yi& Siewierska(2011)所谓的汉语指称性非人称结构？

其三，汉语到底有没有被动态实际上也存在争议的，Li& Thompson(1976)(又见 Kazenin(2001))认为像汉语这种话题凸显的语言，被动结构属于边缘性结构，在话语中很少使用，赵元任(1952:49)则认为汉语没有被动态。这实际上涉及被动态的定义问题，如果按照第一节关于被动态的定义，被动态是一种动词形态范畴，那么汉语似乎没有被动态，但是如果从功能角度定义，汉语的受事主语句和“被”字句显然可以看作被动态。

其四，汉语的及物性问题历来也存在很大的争议，至少存在以下三个观点：一是汉语不区分及物动词和不及物动词，以高名凯为代表；二是大多数学者所持的观点，沿袭旧说，认为汉语可以区分及物动词和不及物动词；三是汉语属于不及物动词包含及物动词模式，以王文丽、陈昌来(2017)为代表。关于如何判断汉语的及物动词和不及物动词，王志军(2004)就曾以汉语动词能不能被动化作为判断其是不是及物动词的依据，但是汉语已经出现“被死亡”“被自杀”等不及物动词构成的被动结构，被动化也很难作为判断动词及物性的标准。

其五，汉语的一些及物-不及物交替的动词，如“灭”（他灭了火-火灭了）、“沉”（他沉了船-船沉了）、“开”（他开了门-门开了）等，到底及物用法是基础生成的还是不及物用法是基础生成的，仍然值得进一步研究。

其六，汉语中到底存在不存在所谓的中动语态？中动句研究近年来也成为汉语语法研究的一个热点问题，但是汉语的所谓的中动语态与国外的中动语态有什么共同点和本质的差异呢？

总而言之，通过对被动态进行系统的研究，借鉴国外类型学研究成果，或许能够加深人们对汉语句法性质的认识，从而解决汉语中一些长期存在争议的语言学问题。

第三章　印欧语的中动语态[①]

3.1　引言

朱德熙为《汉语语法丛书》[②]所作的序中指出，“早期的语法著作大都以印欧语法为蓝本，这在当时是难以避免的。但由于汉语和印欧语在某些方面有根本区别，这种不适当的比附也确实给当时以及以后的语法研究带来了消极的影响”。沈家煊(2018)已经明确指出，汉语不需要“中动”概念，用比附的办法将中动式引入汉语，结果是争议不断，徒添麻烦。

研究中动范畴或中动句的学者如果不能对中动范畴或中动句的历时发展和共时差异有一个全面的认识，恐怕以后还会“争议不断，徒添麻烦”。近年来汉语中动句研究似乎成了语法研究的一个热点问题，有支持者也有反对者。本研究不想讨论前人研究的功与过，只想就中动范畴的历时发展和共时差异做一个较为全面的梳理，然后指出汉语中动句研究存在的问题。

---

① 本章已在《励耘语言学刊》2022 年第 1 辑上发表。

② 《汉语语法丛书》指 20 世纪 80 年代商务印书馆选择出版的 1949 年以前国内出版的有代表性的十本汉语语法著作。

3.2 中动语态的来源和发展

3.2.1 中动态的可能来源

关于中动形态的来源，Cotticelli & Rizza(2015)指出，动态/静态对立理论(the theory of Active/Stative opposition)为原始印欧语提供了两组原始的词尾形式。他们还进一步指出，“动态”和“静态”并不是指动词的内在原始语义，而是指动词屈折系统中的两组词形变化。动态词形变化(以-m’结尾的词形变化)，虽然以“行为”和“致使”作为语义原型，代表一组无标记的词形变化，但不能标记语法主语是谓语动词描述的事件所影响的位置或方向，即主语不是事件的受影响者。静态词形变化(以‘-h_2’结尾的词形变化)，标记主语在不同层面受到事件的影响，即主语是事件的受影响者。而且静态词形变化也绝不仅仅限于表示纯粹的“状态”，它同样用来编码“去致使”(decausitive)、“自发事件”(spontaneous events)和“致使”(causative)，但是无论如何，主语都是在某种程度上受到事件的影响。

Kulikov(2006)和 Kulikov & Lavidas(2015)认为印欧语的不及物派生标记可以分为两种类型：融合型和反融合型。前者指的是西部印欧语，主要包括德语族、罗曼语族和斯拉夫语族，这些语言通常用一个新的融合型标记来代替旧的融合型标记，这个新的融合型标记来自反身代词。后者指的是东部印欧语，主要指印度伊朗语族，包括印度-雅利安语支、伊朗语和亚美尼亚语，这些语言演化出好几个不及物派生标记，如被动、反身和互动等，也有专门的致使标记。Kulikov(2006)指出，他们无法重构原始印欧语的被动标记，通常认为原始印欧语缺乏被动标记，原始印欧语的被动功能是由中动语态执行的，即被动是原始中动语态的基本功能之一。Kulikov 还认为印欧语的“完成体”(perfect)和“中动”在历史上有关联，可能源于同一个原始范畴，因为主动语态的完成式与中动式之间拥有一些共同的特征。Kulikov(2006)和 Kulikov & Lavidas(2015)构拟了印欧语语态发展的三个阶段,图示如下:

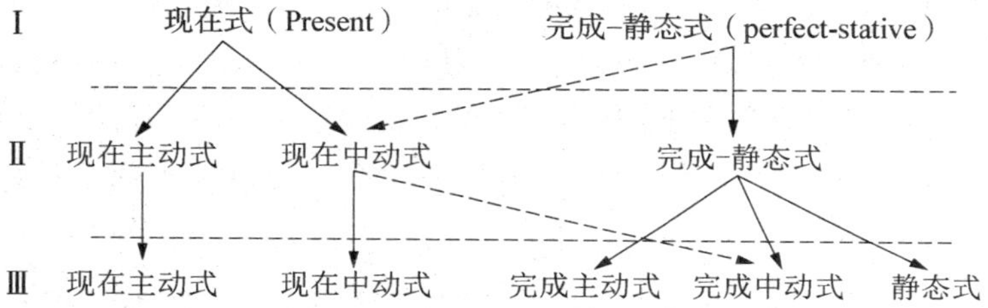

图 1　Kulikov 构拟的中动语态形成的三个阶段

Kulikov 认为,在第一个阶段(Ⅰ),主动和中动对立可能与完成体无关,这种痕迹在早期吠陀语(Vedic,早期梵语之一)中还可以找到,如一些动词的主动完成式与对应的中动现在式有相同的句法分布。也就是说,一些动词的完成形式既可以用于及物性结构也可以用于不及物性结构,表现出句法上的不稳定性。在第二个阶段(Ⅱ),由于原来属于不同类型的词尾变化形式受到感染错合(contamination),便产生了一些创新。一些静态式的屈折形式被用于表示现在式的词尾变化,这种创新的形式必然还保留着静态式的一些功能,它们与不及物句法联系紧密,这也许就是中动语态可以标记各种不及物派生的原因,如被动、反致使、反身和互动等。在第三阶段(Ⅲ),在原始印欧语方言(尤其是原始印度-伊朗语族语言)中,在现在系统的影响下,主动/中动对立被引进到完成式词尾变化中,从而导致主动和中动都有现在式和完成式的区分。

从 Kulikov 对中动语态形成过程的构拟来看,他基本上认为中动语态的形成与两个因素有关:静态式和完成式。Cotticelli & Rizza(2015)提到的中动语态来源于“静态”词形变化虽与 Kulikov(2006)和 Kulikov & Lavidas(2015)对印欧语语态发展的构拟不完全一致,但是对中动语态可能来源于“静态”式方面二者基本一致。

3.2.2 中动范畴的发展

Parker(1976)在讨论中动语态时，也明确指出在许多古印欧语的中动形式获得了被动意义。我们认为中动语态有获得被动意义的潜能，但是在不同的印欧语中表现很不一样，有的印欧语的中动语态获得了被动意义，有的则没有。可以图示如下(参见Haspelmath2003)[①]：

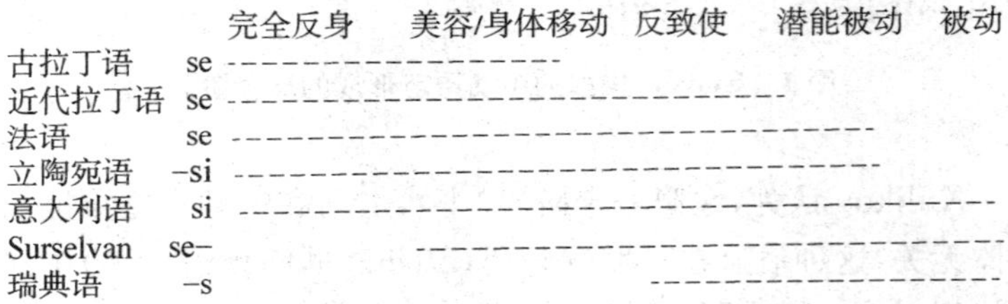

图2 不同语言反身标记的语义扩展

Geniušienė(1987)虽说是讨论反身类型的专著，但是由于很多印欧语的反身标记也是中动标记，因此Geniušienė对欧洲语言反身标记的研究，对印欧语的中动语态研究也具有启发性。从Kulikov对中动语态形成的构拟来看，中动语态并非天生就选择反身标记作为其表现形式，但是反身标记却天生具有表示中动语态的潜能[②]。Geniušienė(1987:242－243)指出，古老的印欧语如梵语、古希腊语和拉丁语，它们用动词的中动形式表示价消退标记(recessive marker)，现代印欧语基本都有来自反身代词的反身

① 完全反身(full reflexive)就是反身的原型意义，相当于英语的He hit himself；美容/身体移动(grooming/body motion)指的是与梳妆打扮和身体动作相关的动词，如穿(dress)、坐(sit)等动词；潜能被动(potential passive)指的是类似英语的中动句，如The book sells well。

② 如英语的反身标记self就没有发展出中动语态的其他语义类型。

标记来表示价消退[①]。他还进一步指出，如果一个语言有两种反身标记（也可以说是中动语态标记[②]），它们在功能域中呈现出互补或重叠分布。而且不同语言的这两种反身标记或中动语态标记在语义功能分布上，又可以分成四种类型，也许代表着反身标记发展的四个可能的演变阶段：第一个阶段，古老的反身标记或中动语态标记显示最多的语义功能（如反身义、自致使义、互动义、反致使义、中被动义、被动义等），而新的反身标记则只能表示语义反身，这两个反身标记都能表示语义反身，只有稍微一点儿重叠或互补，代表这一阶段的语言可能是波罗的海语族的诸语言、俄语和东部斯拉夫语；第二个阶段，古老的形式显示最多的语义功能，而新的形式可以表示若干个语义功能，但是还不能表示全部的语义功能，如古拉丁语的标记-(o)r 表示广泛的语义功能，而 se 至少可以表示反身义、部分量宾语语义（partitive object）[③]、自致使义和去致使义；第三个阶段，两种反身标记都可以显示最多的语义功能，如古斯堪的纳维亚语和冰岛语[④]；第四阶段，古老形式失去了一些表义功能，通常失去了反身义，而新形式则显示出更多的语义功能，如 Vulgar 拉丁语，而且这个演变过程在罗曼语族中仍然在持续着[⑤]。这两种中动/反身标记的四个演变阶段

---

① 价消退指的是由及物性小句变为不及物性小句，使用中动语态的小句在印欧语中通常认为是不及物性小句，因此中动标记通常也被认为是减价标记，或称为价转换标记。

② 因为大多数现代印欧语都使用反身标记表示中动语态，Geniušienė(1987)实际上没有严格区分反身标记表示中动语态和中动形态表示中动语态，统称为反身标记。

③ 部分量宾语语义类似于 Haspelmath(2003)所谓的美容/身体移动类动词带中动/反身标记。

④ 冰岛语的古老形式-st 所表示的语义功能范围稍微比代词反身标记所表示的语义功能范围要小一点。

⑤ 罗曼语族中的古老中动/反身标记-r 已经完全消失，新的代词中动/反身标记已经显示出所有的语义功能（Geniušienė 1987:243）。Luraghi(2012)也指出，许多斯拉夫语族语言和德语族语言的古老的中动/反身标记已经消失，只有 Gothic 语（属于德语族，东部语支）的古老的中动/反身还保留着被动义用法。

可以图示如下[①]：

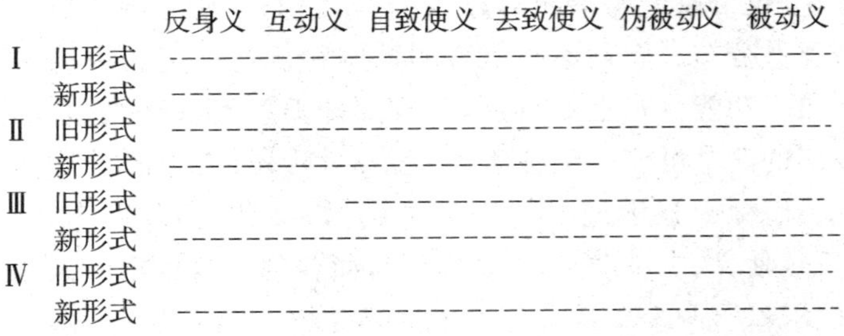

图3 两种中动语态/反身标记的此消彼长

通过本节的讨论可以看出，古老的印欧语最初可能只有两种语态，即动态和静态。动态表示主语对宾语施加影响，而静态只表示主语本身受到影响。这也许是古老印欧语主动态和非主动态（或中动态）的来源。当然这种中动语态从产生之日起就是一个多义范畴，可以表达各种语义类型，包括反身、互动、自致使、去致使、伪被动和被动等。后来随着语言的发展演变，一些印欧语中开始出现反身代词可以表示反身语义，反身代词进而语法化为反身附缀，并逐渐取代旧有的中动/反身形式，从而可以表示各种语义类型。

3.3 中动语态的本质

在讨论中动语态的本质之前，请先来看下面例子：

（1）古希腊语（Doron 2015）

① 反身义、互动义、致使义、去致使义、伪被动义、被动义等并不是中动/反身标记所表示的全部语义类型，我们只是模仿 Haspelmath（2003），选取几个语义类型作为代表而已。

a. 主动态 lousō ‘我将洗(某人)。’

b. 被动态 lousomai ‘我将被洗。’

c. 中动态 louθēsomai ‘我将洗我自己。’

上面的例(1)说明古希腊语有三种语态,分别是主动语态、被动语态和中动语态。语态在英语中叫作 voice(也叫 diathesis,来自希腊语),源自古印欧语系语言的语法,指动词论元在语法功能指派上的转换,语态转换在动词形态上是有明显标记的,因此语态常常被认为是动词的形态-句法范畴(Doron, 2015)。那么中动语态又是什么呢? Doron(2015)指出,拥有中动语态的语言在动词形态标记方面常常是各式各样,有的语言用反身附缀(reflexive clitic),有的语言用中动形态(middle voice morphology)。然而反身附缀也好,中动形态也好,它们都不是用来表示某种单一语义类型的,往往可以表示各种不同的语义类型(Geniušienė, 1987; Kaufmann, 2007)。另一方面,正是由于不同的语义类型都可以用反身附缀或中动形态来表示,所以中动语态变成了一个多义的形态-句法范畴,于是便有了各种不同的叫法,如中被动(medio-passive)、准反身(quasi-reflexive)、伪反身(pseudo-reflexive)、中性(neuter)、受事主语结构(patient-subject construction)和异态[①](deponent)等(Kemmer, 1993:2;吴怀成 2017)。例如:

(2) Fula 语(尼日尔-刚果语系,西非)[②]

a. o yiiwake.
3.单数 洗澡.中动
‘他/她洗澡。’

b. sheede ɓesdake.
价格 增加.中动

① 异态指的是带中动形态标记的动词却没有对应的主动形式(Kaufmann2007)。

② 注释中的“3”指的是第三人称,下同。

‘价格增加了。’

c. mi laɓake.

我 刮胡子.中动

‘我叫人刮了自己的胡子。’

Kaufmann(2007)指出，上面例(2a)表示反身义，例(2b)表示反致使义(anticausative)，例(2c)表示致使义，但是这些例子中的动词都带了中动形态。Kaufmann(2007)通过对古希腊语、德语和西班牙语的中动语态在表示直接反身义[①]、致使反身义、间接反身义、反致使义、结果义、模态义、互动义和被动义等方面的差异进行比较，得出直接反身义和反致使义是中动语态的核心语义。三种语言的中动语态在表义方面的差异可以列表如下：

表1 不同中动语义在古希腊语、德语和西班牙语中的分布("+"表示"有"，"−"表示"无")

	直接反身义	致使反身义	间接反身义	反致使义	结果义	模态义	互动义	被动义
古希腊语	+	+	+	+	+	−	+	+
德语	+	−	+	+	−	+	+	−
西班牙语	+	+	+	+	−	+	+	+

Doron(2015)在中动语态名下列举了如下六种语义类型，分别是：

① Kaufmann(2007)认为中动语态可以表示8种语义类型，除了互动义和被动义，反致使(anticausative)也叫去致使(decausative)，类似汉语的致使/非致使交替动词[也有人叫作作格动词，如曾立英(2009)]，如开、关、灭等，直接反身相当于Haspelmath(2003)的美容/身体移动类动词所带的反身标记，致使反身相当于英语I got myself shaved，间接反身相当于与格反身，即双宾语结构中间接宾语用反身标记，结果义反身指的是中动动词表示主语的结果状态，相当于英语的过去分词，模态义反身相当于Haspelmath(2003)的潜能被动和Doron(2015)所谓的归因性中动结构，类似英语的The book sells easily。

（一）反致使义(anticausative)

(3) 希伯来语(亚非语系,以色列)

a. ha-yéled　šavar　et-ha-kos.
定指-孩子　打碎.3阳性.单数　宾格-定指-杯子.阴性.单数
'这个孩子把这个杯子打碎了。'

b. ha-kos　nišbera.
定指-杯子.阴性.单数　打碎.中动.3阴性.单数
'这个杯子打碎了。'

（二）反身/互动义(reflexive/reciprocal)

(4) 俄语反身

a. parikmaxer　postrig　katju.
美发师　剪切.阳性.单数　人名.宾格
'这个美发师给 Katju 剪了头发。'

b. parikmaxer　postrig-sja.
美发师　剪切.阳性.单数-反身标记
'这个美发师剪了头发。'

(5) 俄语互动

dina　i　kolja　perepisyvajut-sja.
人名　和　人名　通信.3复数-反身标记
'Dina 和 Kolja 两个人相互通信。'

（三）归因性中动义(dispositional middle)

(6) 俄语

etot　xleb　legko　rezhet-sja.
这　面包　容易　切.3单数-反身标记
'这种面包好切。'

(7) 希伯来语

ha-bad　ha-ze　mitgahec　nehedar.

定指-布料 定指-这 熨烫.中动 极好地

‘这种布料非常好熨烫。’

(8) 荷兰语

Dit boek leest makelijk.

这 书 读 容易

‘这本书好读。’

(9) 希腊语

afto to vivlio diavazete efxarista akomi

这 定指 书 读.非主动形态 高兴地 甚至

ki apo megalus.

和 被 成年人

‘这本书甚至成年人都喜欢读。’

(10) 加拿大法语

Ces étoffes se repassent facilement par

这些 布 中动 熨烫 容易 被

tout le monde.

每一个人

‘对于每个人来说,这些布都容易熨烫。’

(11) 希伯来语

ha-bad ha-ze mitgahec nehedar

定指-布 定指-这 熨烫.中动 极好地

al. yedey kol exad.

被 每一个人

‘对任何来说,这种布都非常容易熨烫。’

(四) 非人称中动义(impersonal middle)[①]

① 非人称中动被认为是由不及物动词构成的归因性中动,与非人称被动一样,非人称中动的一个特征就是带形式主语(expletive subject)。

(12) 荷兰语

Het	zit	prima	in	deze	stoel.
它	坐	好	在	这	椅子

'坐在这个椅子上舒服。'

(五) 中被动义(mediopassive)①

(13) 希腊语

O	Janis	dolofonithike	apo	tin	Maria.
这	人名	谋杀.非主动态	被	定指	人名

'约翰被玛丽谋杀了。'

(14) 希伯来语

ha-tekst	hitargem	be-paxot	mi-ša'a.
定指-课文	翻译.中动	在-少于	属格-小时

'这篇课文不到一个小时就翻译完了。'

(六) 非人称中被动义(impersonal mediopassive)②

(15) 西班牙语

Se	curó	a	los	brujos.
反身标记	治疗.3单数	宾格	定指.复数	魔法师

'有人治疗了这些魔法师。'

从上面的讨论可以看出,中动语态可以表示不同的语义类型,即不同的语义类型都可以用中动语态来表示,因此这可能导致跨语言比较时,人们讨论的所谓的中动语态在不同的语言中指的是不同的语言现象。由此可以看出,国外所谓的中动语态并不

---

① 中被动指的是动词使用中动形态,但是却与被动一样允许出现外部论元,但是中被动的外部论元不出现时又与反致使相似。

② 非人称中被动指的是这样一种中动结构,它没有发生减价(valence reduction)现象,动词保留宾格,它也有形式主语,但是它既不是归因性中动,也不是不及物的,实际上是事件性的和及物性的(尽管施事没有出现)。

是简单的形式和语义相对应的句法语义范畴。既然中动语态不是一个简单的形式和语义相对应的句法语义范畴，那么它总该有一个核心语义吧。Kaufmann（2007）认为直接反身解读（direct reflexive reading）和反致使解读（anticausative reading）是中动语态的核心语义解读。而反身义和反致使义在语义差别上很大，甚至可以说是矛盾对立的，因为反身义中动的主语一般是有生命的施事，而反致使义中动的主语一般是无生命的受事，这两种语义怎么都会成为中动语态的核心语义呢？Geniušienė（1987：260）认为反身标记具有去致使功能可能有两种途径形成的：有生主语的自致使（autocausative）和无生主语的去致使（decausative）。例如：

（16）俄语自致使

a. On　　rasstegnul　　pal'to-Ø.
他-主格　　解开　　大衣-宾格
'他解开大衣的纽扣。'

b. On　　rasstegnul　　-sja.
他-主格　　解开　　反身标记
'他解开大衣的纽扣。'

（17）波兰语去致使

a. Marek　　zbil　　okn　　-o.
人名　　打破　　窗户　　宾格
'Marek 打碎了窗户'

b. Okn-o　　zbilo　　sie.
窗户-主格　　打破　　反身标记
'窗户打破了。'

Kemmer（1994）认为直接反身和中动的共同特点就是主语的受影响性（affectedness of subject），而它们的差异是直接反身在句法上是及物性的，而中动在句法上是不及物性的。因此，不管中动语态表示何种语义，可以认为中动语态的核心语义是表示“行为和状态影响动词的主语或主语的兴趣”（Lyons，1969：373，Kemmer，1993：1、1994）。

总之，通过前文的讨论可以看出，早期印欧语用动词形态作为中动语态标记，后来有些印欧语发展出用反身附缀作为中动范畴标记。尽管反身附缀在后来发展成为新的中动语态标记，但其表示的各种语义类型可能是以反身义为基础，并进一步语义扩张，从而形成了以去致使义为核心语义的语义聚合群。也就是说本质上看，中动语态是一个以动词的形态-句法来表示各种语义类型的形态-句法范畴，可以图示如下：

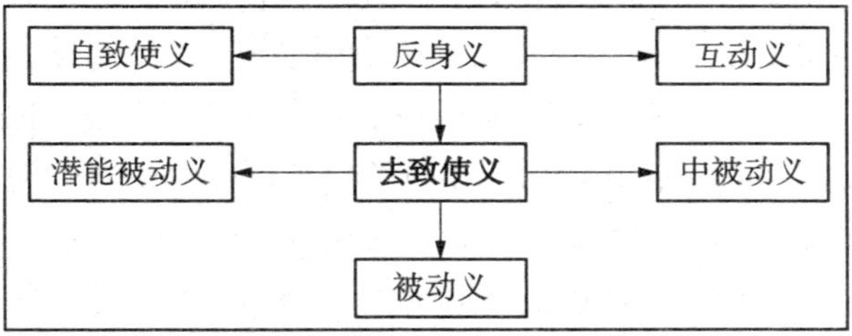

图 4　中动语态的核心语义及其扩展

3.4　英语中动句和其他印欧语的中动句[①]

英语的中动句指的是如下例句：

(18) The book sells well.（这本书卖得好。）

---

① 这里的中动句指的是 Kaufmann（2007）的模态义中动、Doron（2015）的归因性中动和 Geniušienė（1987：261）的准被动反身（quasi-passive reflexive）。其中 Geniušienė（1987：261 - 265）又把准被动反身分为三个次类：带可能性模态义的潜能被动（potential-passive）、带必然性模态义的潜能被动和结果被动（resultive-passive）。由于后两类与被动句有纠葛，所以下文没有列举相关例句。另外，中国学者所讨论的汉语中动句，都是参照英语中动句而展开讨论的。

(19) The bread cuts easily.(面包很容易切片。)

(20) The soup smells good.(这汤闻着挺鲜美的。)

英语的中动句实际上是在主动句和被动句两分格局的基础上,为了弥合形式和意义的不匹配而增加的一个中间范畴,它们虽然是主动句的形式,但是意义上却是受事做主语。在形态发达的语言里,谓语动词有专门的中动形态标记(如上文讨论),英语动词并没有这种形态标记,说英语有中动句,这已经带有比附性质了(沈家煊 2018)。下面是吴怀成(2020)根据国内外学者对英语中动句研究而归纳出的英语中动句的特征:

一、中动句属于受事主语句,即中动句的主语是谓语动词的逻辑宾语,如"The car drives fast"中的主语 car 是谓语动词 drive 的逻辑宾语;二、中动句中隐含一个施事论元,但是这个施事论元在句法上无法实现[①],Langacker(1991:334)用"The ice-cream scoops out quite easily all by itself"的不合法来证明该句隐含了一个施事论元,但是在句法上又无法实现(转引自杨佑文 2011);三、中动句表述的是受事主语具有某种属性,并非描写具体时空发生的事件(Fagan, 1988:200,转引自 Lemmens, 1998:72);四、中动句所描写的主语具有的属性对于任何人来说,只要他用中动句的谓语动词操纵中动句的受事主语就可以显现出来,如"The car drives well"是指这辆车具有某种特性,以至于任一司机开这辆车都会觉得好开,这就是所谓的中动句通指性解读[②];五、由于中动句主语的某种内在特性使得动词所表述的情况具有修饰语所描述的特点(Lekakou, 2006),如"The bread cuts easily"理解

---

① Lekakou(2005)认为希腊语的中动句可以出现施事论元,如上文的例(9)。

② 杨佑文(2011)指出,对于通指性解读实际上有争议。Condoravdi(1989)把通指性理解为习惯性,即"The car drives well"可以解读为:这辆车具有某种特性,但凡开这辆车,每一次都会是好开的。Stroik(2006)则认为,中动句完全可以是针对特定个人的,如 This horse handles well only for his trainer。

为："面包"之所以"易切"是"面包质地"的原因，而不是"刀锋利"的原因，即主语的特性使得谓语陈述的情况得以发生①，这就是事件责任或特性归因（杨佑文，2011）。

以上五个特征中，第一个特征和第二个特征属于中动句的结构特征，第三至第五个特征则属于中动句的语义特征。下面再看看其他印欧语中相当于英语的中动句，例句来自 Geniušienė（1987）、Kaufmann（2007）和 Lekakou（2005：10）等（另见上面例6—例11）。

（21）荷兰语

Dit	boek	leest	makelijk.
这	书	读-3单数	容易

'这本书容易读。'

（22）德语

Dieses	Buch	liest	sich	leicht.
这	书	读-3单数	反身标记	容易

'这本书容易读。'

（23）法语

Ce	livre	se	lit	facilement.
这	书	反身标记	读-3单数	容易

'这本书容易读。'

（24）希腊语

Afto	to	vivlio	ðiavazete	efkola.
这	这	书	读-非主动.3单数	容易

'这本书容易读。'

---

① 杨佑文（2011）指出，Chung（1996）认为事件责任或特性归因意味着中动句具有致使关系，并把这种致使关系表述为：（The property of）X cause（s）the V-ing of X to be Adj。

(25) 西班牙语

Estas	frutas	se	comen.
这些	水果	反身标记	吃.3复数

'这些水果可以吃。'

(26) 捷克语

Drát	se	opýba.
电线	反身标记	弯曲

'这种电线容易弯曲。'

(27) 波兰语

Ksiazk-a	czyta	sie	przyjemnie.
书-主格	读	反身标记	愉快地

'这本书读起来舒服。'

(28) 冰岛语

Bók-in	sel	-st	vel.
书-定指	卖	反身标记	好

'这本书好卖。'

(29) 丹麦语

Glas	boje	-s	ikke.
玻璃	弯曲	反身标记	否定

'这种玻璃不能弯曲(没有弹性)。'

(30) 意大利语

Le	pellice	si	vendono	bene	d'autunno.
定指	毛皮	反身标记	卖	好	秋天

'这种毛皮秋天好卖。'

(31) 罗马尼亚语

Plummb-ul	se	topeste	usor.
锡	反身标记	融化	容易

'锡容易融化。'

(32) 拉脱维亚语

Durv-is viegli slēdza-s.

门-主格 容易 锁-反身标记

'这个门容易锁上。'

Lekakou(2005、2006)把中动句分为两种类型:法语和希腊语属于一类,属于被动型中动(the passive-type middle);英语、荷兰语和德语属于另一类,属于非作格型中动(the unergative-type middle)。Lekakou认为两种不同类型中动句的差异主要在于生成方式不同,被动型中动是移位生成的,也就是说受事论元是经过移位从而占据主语位置的,而非作格型中动的受事处于主语位置则是基础生成的,并且认为被动型中动句法上采用被动形式,而非作格型中动则寄生于作格动词。被动型中动句法上采用被动形式主要表现为中动句中也可以出现和被动句一样的施事短语,如上面的例(6)—(8)中不能出现施事短语,而例(9)—(11)中含有施事短语。

世界语言的中动句除了在能不能带施事短语上有区别,在是否必须带状语上也存在争议。一般认为狭义的中动句中必须含有状语成分(Geniušien ė1987:111, Lekakou2006),如上面例(21)—(24)中的makelijk(容易地)、leicht(容易地)、facilement(容易地)和efkola(容易地)。但是也有学者认为如果狭义的中动句中不出现状语,可以通过模态(modal)、焦点(focus)和否定(negation)等手段加以补救,如下面的例(33)和(34),但是也有一些语言,即使没有这些补救措施,无状语的狭义中动句也能够成立,如例(35)—(37)(Lekakou2006)。

(33) a. Bureaucrats may bribe, but you never know.(官僚也许行贿,但你却不会知道)

b. Pine SAWS/DOES saw after all!(松树全部锯掉了。)

c. This book doesn't read.（这本书不能读。）

（34）荷兰语

a. Dit vlees snijdt niet.

这 肉 切 否定

‘这些肉不能切。’

b. Die aardappels ROOIEN，niet te

那些 土豆 挖出 否定 不定式标记

geloven!

相信

‘我不能相信挖出那些土豆是多么的容易啊。’

（35）This dress buttons.（这种衣服纽扣容易扣住。）

（36）荷兰语

Deze jurk ritst dicht.

这 衣服 拉链 关上

‘这种衣服拉链容易拉上。’

（37）德语

Dieses Kleid knöpft sich zu.

这 衣服 纽扣 反身标记 助词

‘这种衣服纽扣容易扣住。’

总之，类似英语的中动句在其他印欧语中表现形式也存在很大的差异，带不带状语和施事短语具有语言特异性（language-specific）。

3.5 余论

蔡淑美、张新华（2015）把汉语中动句进一步扩大为汉语中动句群，包括“能可 V 句”（这本书能读）、“值得 V 句”（这本书值得读）、“难易 V 句”（这本书容易读）、“经耐 V 句”（这本书耐读）和

“起来句”(这本书读起来挺容易的)等(吴怀成 2020)。对于以上所谓的汉语中动句，吴怀成(2020)通过大量实例论证，认为它们都是非事件性受事主语句，属于评议句。汉语缺乏严格意义上的形态变化，无论在古汉语还是现代汉语，动词都没有主动、被动的形式区别(赵元任 1952，洪波 2009)，例如：

(38) 他昨天拔了一颗牙。

(39) 他上周做了一个手术。

(40) 他上午理了个发。

以上三例是主动还是被动，全靠语境才能加以解读，从形式上是无法分别的。因此，汉语无须像英语那样用中动句来弥合主动-被动二分格局基础上形义不匹配状况。根据英语的中动句所概括出的特征，如“带状语”和“不能出现施事短语”，是不能用来分析其他印欧语的中动句，如上面的例(9)—(11)和例(36)—(37)等。用它来分析汉语，也必然出现“争议不断、徒添麻烦”的结局。例如：

(41) 他说起来头头是道。

(42) 他吃起来津津有味。

(43) 这辆车开起来风驰电掣。

(44) 这种瓜吃起来非常甜。

上面例(41)—(44)本质上都是评议句，结构形式也一样，都是“N＋V 起来＋评说语”，却非要把例(43)和(44)说成汉语中动句而不顾它们与例(41)和(42)在功能上的一致性，这种比附性研究，不仅“争议不断、徒添麻烦”，而且无法深入认识汉语的本质，人为地割裂了汉语中一些表达功能具有一致性的句子之间的联系。在今后的研究中，应该加以避免。

通过本章的讨论，最终想说明的是，汉外对比非常重要，但是拿汉语比附外语是不可取的，没有“中动范畴”“作格动词”“被动语态”等术语，我们同样可以对汉语语言现象作出合理的描写和解释。吕叔湘在《从主语、宾语的分别谈国语句子的分析》一文中指出，他在《中国文法要略》中借用《马氏文通》的“起词”和“止词”指施事者和受事者，而另立“主语”一名，并且觉得不如干脆就称“施事”和“受事”。也就是说，在汉语中不用“主语”和“宾语”这种术语，照样可以对汉语句子进行描写和分析。汉语语法研究绝对不能成为“国外语言理论＋汉语例子”这种范式研究。汉语学者如果能够对国外某一语言学术语有一个全面的认识，在借鉴和吸收国外语言学理论的时候，就可以避免简单的比附。

第四章　汉语需要中动范畴吗[①]

4.1　引言

近年来汉语中动句研究已经成为汉语语法研究的一个热门话题，而且研究成果也越来越多，如曹宏(2004a, 2004b, 2004c, 2005)、古川裕(2005)、殷树林(2006)、何文忠(2007)、余光武、司惠文(2008)、刘楚群(2010)、何元建(2010)、张德岁(2011)、严辰松(2011)、吴为善(2012)、刘晓海、石晨(2013)、蔡淑美(2013)、蔡淑美(2015)和蔡淑美、张新华(2015)等。早期认为所谓的汉语中动句是"这辆车开起来很快"这类句子(下文简称"起来"句)，但是正如蔡淑美(2015)所言，对于"起来"句到底是不是汉语中动句，学界并未形成一致的看法，曹宏(2004b)、古川裕(2005)和何文忠(2007)等基本上是持认同的态度，殷树林(2006)、余光武、司惠文(2008)等认为"起来"句和英语的中动句并不是一回事儿，而严辰松(2011)根本就不承认汉语中有中动句。近年来，有学者已经意识到类似于英语中动句在汉语中不止只有"起来"句可以表达，曹宏(2004b)认为除了"起来"句，"V 上去""V 来""V 着"等也可以

① 本章已在《汉语学习》2020 年第 3 期上发表。

构成中动句，古川裕(2005)认为除了“起来”句，“好 V/难 V”和“可 V”等也可以构成中动句，严辰松(2011)则认为汉语未必需要“起来”、“上去”和“着”等才能表述中动句意义，一些副词用于动词之前也可以表达中动句意义，如“好 V”“易 V”等。蔡淑美、张新华(2015)则把汉语中动句进一步扩大为汉语中动句群，包括“能/可 V”句(这本书能读)、“值得 V”句(这本书值得读)、“难/易 V”句(这本书很容易读)、“耐/经 V”(这本书耐读)和“起来”句(这本书读起来容易)。

从以上学者的研究可以看出：一、对于汉语有没有中动句学界存在一定的争议；二、在到底哪些句子属于汉语中动句上学者们的看法也不一致。本研究认为，汉语中动句研究之所以存在争议或看法不一，主要原因还是不同语言的语法系统存在差异。在进行跨语言比较时，我们应该重视不同语言语法系统之间的根本差异，以语义为基础，找出不同语言语法形式之间的异同。本研究认为每种语言都应该有表达印欧语中动语义的语法手段，印欧语用专门的形态标记(中动态)或句式表达中动语义，而汉语则使用非事件性受事主语句来表达相同的语义。在汉语中增设中动范畴，只会使语法描写复杂化，不利于认清汉语语法事实。

本研究除了引言和结语外，主要包括三个部分：第一部分介绍什么是中动句以及中动句的特征和类型；第二部分讨论学界所谓的汉语中动句存在的问题；第三部分在讨论汉语受事主语句可以分为事件性受事主语句和非事件性受事主语句的基础上提出取消汉语中动范畴的意义。

4.2 中动句：特征和类型

中动是印欧语系语言的语态范畴之一，与主动、被动相对。Lyons(1968:373)指出，中动态是“行为或状态影响动词的主语或他的兴趣”①。Kemmer(1993:2)根据下面例(1)—例(4)指出,从功能和形式上看,这些所谓的中动句在语义上没有明显的语义一致性(semantic generalization),甚至在某个语言内部这些所谓的中动句也可以分为不同的语义类型。例如:

(1) 古希腊语

loúo-**mai** tâs ch îras ‘我洗我的手。’(I wash my hand)

hállo-**mai** ‘我跳跃。’(I leap)

boúlo-**mai** ‘我希望。’(I wish)

(2) 现代冰岛语

hann klœddi-**st** ‘我穿了衣。’(I got dressed)

bókin fann-**st** ‘这本书找到了。’(The book was found)

ég vona-**st** tîl að fara ‘我希望去。’(I hope to go)

(3) 法语

ce papier **se** recycle ‘这种纸可回收。’(This paper is recyclable)

le ciel **se** fair somber ‘天空正变得阴暗。’(The sky is becoming overcast)

le riz **se** cultive en Chine ‘大米在中国培植出来的。’(Rice is cultivated in China)

(4) 英语

the book sells well ‘这种书好卖。’

the door opened ‘门开了。’

the soup that eats like a meal ‘吃起来像饭一样的汤。’

也许正是因为“中动”这一术语被用于本质上不同的语言现

① 原句是:The ‘action’ or ‘state’ affects the subject of the verb or his interests.

象上，所以在一些文献中语言学家用其他一些术语代替“中动”这一术语，常见的代替“中动”的术语有：中被动（medio-passive）、准反身（quasi-reflexive）、伪反身（pseudo-reflexive）、中性（neuter）、受事主语结构（patient-subject construction）和异态①（deponent）等（Kemmer1993：2）。中动这一术语为什么会被用于不同语言的不同语言现象或者被用于同一语言的不同语言现象呢？主要原因是，在同一个语言中，不同的语言现象往往使用相同的形态标记所致，如上面例（1）至例（3）中的粗体字母 mai、st 和 se。Lekakou（2005）指出，希腊语的非主动形态（nonactive morphology）除了用于表达中动语义外，还可以用于被动、内在反身（inherent reflexive）、相互态（reciprocal）、某些非宾格动词（some unaccusative）以及异态动词（deponent verbs）；法语的反身附缀 se 除了表达中动语义外，还可用于反身、内在反身②、起始动词（inchoative）等③；德语可以使用反身代词 sich 构成中动句，而 Alexiadou，Anagnostopoulou and Schäfer（2015：104）指出德语的反身代词也可以构成反致使（unticausitive），例如 Die Tür hat sich geöffnet（这-门-有-反身标记-开，‘门开了’。）总而言之，“中动”在西方语言学界是一个多义概念，可以用来指称不同的语言现象，但是尽管如此，国内学者所谓的中动句主要指类似例（4）中

① 异态指的是带被动形式但是拥有及物性句法的语言现象。

② 反身与内在反身的区别是，反身是指动词本身无反身义，如“他打了自己”，而内在反身指的是动词本身具有反身义，通常指洗（wash）、梳头（comb）和刮胡子（shave）之类的动词，即“他洗好了”指“他洗自己洗好了”。

③ 起始动词有时候也叫作反致使动词（unticausitive）（Alexiadou，Anagnostopoulou and Schäfer2015：3）、作格动词（郭印 2015），指的是及物-不及物交替动词，如 open、break 等动词（Mary opened the door-The door opened）。正是由于同一个形态标记可以用于不同的语言现象之中，所以梵语和古希腊语中与主动态相对的表示“行为或状态影响动词的主语或主语的兴趣”的语态也叫中动态（Lyons1968：373，又见 Klaiman1991：24 和 Kemmer1993：1），起始动词也叫作中动动词（Keenan & Dryer 2007：352，又见 Li & Thompson 1994：235）。

第一个句子所表示的语言现象，即 the book sells well。

4.2.1　中动句的特征

类似于英语的 the book sells well 这样的中动句，在许多印欧语中都存在，例如(Lekakou2005:10)[①]：

(5) 荷兰语

Dit　　boek　　leest　　makelijk.

这　　书　　读-3 单　　容易

'这本书容易读。'

(6) 德语

Dieses　　Buch　　liest　　sich　　leicht.

这　　书　　读-3 单　反身标记　容易

'这本书容易读。'

(7) 法语

Ce　livre　se　　lit　　facilement.

这　书　反身标记　读-3 单　　容易

'这本书容易读。'

(8) 希腊语

Afto　to　vivlio　δiavazete　　efkola.

这　　这　书　　读-非主动.3 单　容易

'这本书容易读。'

Lekakou(2005:53)指出，从不同语言的中动句的句法表现看，对中动从句法上做一个跨语言的一致性界定是不可行的，并认为中动是一个特定的解读(particular interpretation)，不同的语言使用不同的形式获得这样的解读。Lekakou(2005:55)认为中动解读的核心成分包括：

(9) a. 句子的主语对应于内部论元；

---

① 下面例(5)—(8)中"3 单"指的是"第三人称单数形式"。

b. 句子的解读是非偶发性的(non-episodic),中动不指称已经发生的真实的事件,而是汇报语法主语的性质,事件性动词变成一个派生的表示状态的成分,进而获得一般性解读(generic interpretation);

c. 施事降级并获得任意性解读[①]。

严辰松(2011)根据杨佑文(2011)对英语中动句的考察,指出英语原型中动句具有以下几个特征:一、受事论元做主语;二、隐含施事论元;三、通指性和非事件性;四、事件责任或叫特性归因。蔡淑美、张新华(2015)根据国外学者对英语中动句的研究,指出英语中动句具有以下三个特征:一、强制性抑制施事成分;二、任指性或通指性;三、描写某种事物的性质,具有非事件性,句法上不允许出现进行体等跟时间相关的表达。

根据以上学者的研究,本研究认为"中动"是句子的一种语义属性[②],尽管不同语言表达中动语义的手段不尽相同,但是不同语言的中动句都具有以下五个特征:一、中动句属于受事主语句,即中动句的主语是谓语动词的逻辑宾语,如"The car drives fast"中的主语 car 是谓语动词 drive 的逻辑宾语;二、中动句中隐含一个施事论元,但是这个施事论元在句法上无法实现[③],Langacker (1991:334)用"The ice-cream scoops out quite easily all by itself"的不合法来证明该句隐含了一个施事论元,但是在句法上又无法实现(转引自杨佑文 2011);三、中动句表述的是受事主语具有某种属性,并非描写具体时空发生的事件(Fagan1988:200,转引自 Lemmens1998:72);四、中动句所描写的主语具有的属性

---

① 施事降级指的是施事从主要论元降为次要论元或隐含省略,任意性解读指的是这个隐含的施事是"任何人",如"这本书容易读"是对任何人来说都容易读。

② 这是从语言共性角度来说的,因为中动语义的表现形式在不同语言中差异很大。

③ Lekakou(2005)认为希腊语的中动句可以出现施事论元,如下文的例(10)。

对于任何人来说，只要他用中动句的谓语动词操纵中动句的受事主语就可以显现出来，如“The car drives well”是指这辆车具有某种特性，以至于任一司机开这辆车都会觉得好开，这就是所谓的中动句通指性解读；五、由于中动句主语的某种内在特性使得动词所表述的情况具有修饰语所描述的特点（Lekakou2006），如“The bread cuts easily”理解为：“面包”之所以“易切”是“面包质地”的原因，而不是“刀锋利”的原因，即主语的特性使得谓语陈述的情况得以发生，这就是事件责任或特性归因（杨佑文2011）。

如果我们把中动句看作是印欧语系诸语言中的一个特殊的构式，那么中动句或者中动构式的构式义就可以简单地概括为：谓语表述受事主语具有某种属性[①]。

4.2.2　中动句的类型

Lekakou（2005）对英语、荷兰语、德语、法语和希腊语的中动句进行比较以后，认为可以把这些语言的中动句分为两大类：法语和希腊语属于一类，属于被动型中动（the passive-type middle）；英语、荷兰语和德语属于另一类，属于非作格型中动（the unergative-type middle）。Lekakou 认为两种不同类型中动句的差异主要在于生成方式不同，被动型中动是移位生成的，也就是说受事论元是经过移位从而占据主语位置的，而非作格型中动的受事处于主语位置则是基础生成的，并且认为被动型中动句法上采用被动形式，而非作格型中动则寄生于作格动词。被动型中动句法上采用被动形式主要表现为中动句中也可以出现和被动句一样的施事短语，例如：

---

① 这还是从语言共性角度对中动语义的高度概括。汉语肯定可以表达这种语义，但是并不是用特定的形态和句式来表达，因为构式语法强调“形-义”配对，所以国外的中动句可以看作是一种特殊构式，但汉语的这种语义没有用特定统一的形式来表达，所以汉语没有中动句。

(10) 希腊语

a. Afto to vivlio diavazete
这 这 书 读-非主动.非完成.3单
efxarista akomi ki apo megalus.
愉快地 甚至 和 被 成年人
‘这本书甚至成年人读起来都很愉快。’

b. Afto to provlima linete
这 这 问题 解决-非主动.非完成.3单
akomi ki apo anoitus.
甚至 和 被 傻子
‘这个问题甚至连傻子都能解决。’

被动型中动与被动的主要差异是中动使用非完成体,被动使用完成体,例如:

(11) 希腊语被动

Afto to vivlio diavastike xtes.
这 这 书 读-3单.非主动.过去.完成 昨天
‘这本书昨天被(某人)读过。’

(12) 希腊语中动

Afto to vivlio diavazete efkola.
这 这 书 读-3单.非主动.现在.非完成 容易
‘这本书容易读。’

非作格型中动之所以得名是因为在德语中,中动在句法表现上与非作格动词一致而与非宾格动词不一致,具体表现为中动选择助动词 haben(有),而不是选择助动词 sein(是),例如:

(13) a. John ist/*hat zur Schule gegangen.
人名 是/有 方向介词 学校 去
‘约翰去了学校。’

b. John hat/*ist gesungen.

人名 有/是 唱

'约翰唱了。'

c. Das Buch hat/* ist sich immer

这 书 有/是 反身标记 总是

gut gelesen.

好 读-分词

'这本书总是很好读。'

Lekakou(2005:39)指出,非作格型中动句中施事是隐含的,因此不能出现,但是被动句可以出现施事。例如:

(14) a. Das Buch liest sich (* von den

这 书 读 反身标记 被 这

moisten Lesern/irgendwem) leicht.

最多 读者/任何人-与格 容易

'这本书(*被大多数读者/任何人)容易读。'

b. Das Buch wurde von den Shülern gelesen.

这 书 是.过去 被 这 学生 读

'这本书被学生们读过了。'

Lekakou(2005)还提到被动型中动与非作格型中动在状语修饰方面也存在差异,如前者不需要状语修饰语也能成立而后者必须有状语修饰语才能成立,例如:

(15) a. * This book reads.(英语)

b. * Dit boek leest[①].(荷兰语)

c. * Das Buch liest sich.(德语)

(16) a. Ce papier se lave.(法语)

这纸.主格 反身标记 洗.3单

'这个纸能洗。'

---

① 例(15b)和(15c)荷兰语和德语的三个词同(15a)中英语词语。

b. To nero edo pinete.（希腊语）
这 水.主格 这里 喝.3单.非主动.非完成
‘这里的水能喝。’

从本节的讨论可以看出，在句法上不同语言的中动句确实存在不少的差异，如中动句构成上对副词状语的需求与否，有的句法差异甚至还对上一节所概括的中动句的特征提出了挑战，如施事论元是否必须隐含。不管不同语言表达中动语义的手段存在多大的差异，但是各种语言的中动句所表达的中动语义是一致的，即中动句属于非事件性小句，它陈述的是主语具有某种属性，侧重对受事主语属性的评述。

4.3 汉语所谓的中动句

汉语中所谓的中动句主要指下列一组句子：

(17)“奔驰车”开起来很舒服。（曹宏 2005）

(18) 这个手续特别难办。（古川裕 2005）

(19) 橘子皮还能做药。（蔡淑美、张新华 2015）

(20) 这本书值得读。（同上）

(21) 牛筋鞋底耐磨。（同上）

我们把例(17)这种类型的所谓的汉语中动句称作“起来”句；把例(18)称作“难易”句；把例(19)—(21)称作“模态”句。

4.3.1 “起来”句

首先来看“起来”句（包括“V上去”、“V来”和“V着”等），严辰松(2011)从“汉语原本无所谓主动和被动，更不用说中动”、“汉语具有主语突出的特点”、“汉语的不及物动词和形容词也可以构成‘起来’句”（如“兔子跑起来，实际上是跳跃前进，一跃三五米远……”和“要让襄樊净起来、亮起来、绿起来、高起来、美起来……”等）、“‘起来’句的主语不一定是受事”（如“这杆秤称起来不太准确”和“公款吃起来很惬意”等)、“有些‘起来’句的主语甚至是施事”(如“这种食肉恐龙身长估计在 3 至 4 米左右,行动起来像猫一样轻便”、“这些东西现在的孩子们接受起来有一定困难”和“我每次读起来都有新鲜感”等)、“除了 V 起来、V 上去和 V 着外,易 V 和好 V 也相当于英语的中动句”等几个方面说明,汉语能表达中动句的意义和功能,但没有一个独立、特定的句式对应于英语的中动句。因此,严辰松明确指出汉语没有“中动句”(原文用“中动结构”)。吴为善(2012)讨论了“V 起来”构式的多义性问题,同时指出,英语中动句与汉语“V 起来”B 式[①]虽然有时可以对译,也有相似的话语功能,但从构式的角度看,两者涵盖的范围不一样,句法语义范式也不一样,因此,不能简单地用英语的中动句来比附汉语的“V 起来”B 式。总之,我们绝对不能在汉语的“起来”句和英语的中动句之间画等号。

4.3.2 “难易”句

“难易”句(包括“难 V”、“易 V”和“好 V”等)可以表达英语中动句的意义(严辰松 2011),古川裕(2005)和蔡淑美、张新华(2015)则认为汉语的“难易”句就是汉语的中动句。把“难易”句看作汉语中动句也面临一些问题。首先,汉语中有一些“好 V”已经词汇化了,如“好吃”“好看”“好听”等。这些词汇化了的形容词做谓语与一般的形容词做谓语没有两样,如果把它们看作汉语中动句,恐怕也很难令人接受。此外,“易 V”中的“V”不限于及物动词,而且“易 V”的主语也不限于是受事,“易 V”只是对其主语进行主观的评述,例如:

(22) 他们在活动的时候具有盲目性,大脑易兴奋、自制力差,不要强求幼儿必须按计划活动。(人民网 2014-11-09)

---

① 吴为善(2012)中“V 起来”A 式指的是“五星红旗升起来了”这类句子,其“V 起来”B 式即本研究所谓的“起来”句。

(23) 肺炎支原体主要感染5—9岁的儿童,5岁以下儿童也易感染。(人民网2019-04-23)

(24) 他叛逆、易怒、桀骜不驯。(朱学恒译《龙枪传承》)

总之,"难易"句尽管可以对译部分英语中所谓的中动句,但是它对主语的语义角色和动词的及物性都没有严格地限制,它只是对主语进行主观评述而已,如果把"难易"句全部看作汉语的中动句,恐怕也不妥。

4.3.3 "模态"句

本研究的"模态"句包括蔡淑美、张新华(2015)中的"能可"句(包括"NP+能/能够/可/可以V"等形式)、"值得"句(包括"NP+值得/够(能够)V"等形式)和"耐/经"句。

本研究认为把"模态"句归入中动句至少存在以下几个问题:1.不是所有的"模态"句都是受事主语句;2."模态"句的所指范围是什么;3.如何看待词汇化的"可V"。

"能V"的主语不限于受事,工具和施事同样可以充当"能V"的主语,例如:

(25) 嘴巴能说会道,叫"樱桃尖"。(《繁花》)

(26) 大丈夫能屈能伸。(同上)

(27) 女人极能干。(同上)

蔡淑美、张新华(2015)似乎只认为模态词"能"和"可"与动词一起可以构成所谓的汉语中动句,但是他们对其他"模态"词构成的受事主语句是否属于中动句却没有讨论。本研究认为其他模态词一样可以构成"模态"句,与"能可"句没有什么本质差异,都是对受事主语的一种主观评述。例如:

(28) 这本书应该认认真真地读几遍。

(29) 这碗饭不准吃,是留给爸爸吃的。

(30) 这句话就没有必要说了,我知道你的意思。

(31) 这些作业得按时做完。

而且汉语模态词可以与动词一起作为受事主语句的谓语自古以来就有。例如：

(32) 士可杀不可辱。(《礼记·儒行》)

(33) 此饭不可妄食。(《杂譬喻经》)

(34) 故冬耕之家，后稷不能羡也；丰年大禾，藏获不能恶也。(《韩非子·喻老》)

正是因为"可V"结构自古就存在，因此在汉语双音化的作用下，一些"可V"结构在现代汉语中已经词汇化为一个形容词，如"可惜""可爱""可怜"等。也就是说，如果把"这个孩子真可爱"也算作汉语中动句，恐怕很难令人接受，但是如果不把这些词汇化的"可V"看作汉语中动句，那么把一般的"可V"看作汉语中动句也很难令人信服。

4.4 中动句还是非事件性受事主语句

从上一节的讨论可以看出，无论是"起来"句、"难易"句还是"模态"句，把它们看作汉语的中动句都存在一定的问题。语法研究既可以从形式到意义，也可以从意义到形式，而在跨语言比较时，往往以语义为基础(Croft2003：13, Hapelmath2010)，找出不同语言编码相同语义时在形式上存在的共性和差异。本研究认为，前辈时贤在讨论汉语中是否存在像英语或印欧语中的那种中动句方面做出的努力是值得肯定的，但是在进行跨语言比较时，我们不能过于简单地比附，认为英语或印欧语中有中动句，那么汉语也必然存在类似的中动句。虽然德语的反身标记和希腊语的非主动态标记并不限于用作中动句的标记，但是英语或印欧语在表达中动语义方面都有一个较为固定的句式，而一旦将中动句引入汉语，便争议不断。这本身就值得反思。本研究认为，汉语本来就不应该有这么一个舶来品，上文讨论的所谓的汉语中动句，就其实质而言都是受事主语句，只不过，汉语的受事主语句应该分为事件性受事主语句和非事件性受事主语句，非事件性受事主语句本质上用来陈述或评价受事主语具有某种属性，可称之为评议句。本节先讨论事件性受事主语句和非事件性受事主语句（评议句）的区分，然后从汉语事实和理论简洁性角度讨论取消汉语中动句的意义。

4.4.1 事件性和非事件性受事主语句

汉语中自古以来就存在受事主语句已经是一个不争的事实（可参见张赪、荣晶 2009，袁健惠 2015），除了上面例(32)—(34)，再如：

(35) 毒即去。(《道行般若经》)

(36) 虽知其寒，恶不可取，子其死之？(《左传·闵公二年》)

(37) 诸事火具，悉弃水中。(《中本起经》)

(38) 财务日耗，人所嗤笑。(《杂譬喻经》)

(39) 甘露当开，谁应次闻。(《中本起经》)

然而，汉语的受事主语句实际上根据事态性质可以分为事件句和非事件句，例如：

(40) 桌子搬走了。

(41) 房子拆掉了。

(42) 门关上了。

(43) 这本书看完了。

(44) 这个方法值得提倡。

(45) 沙漠是可以征服的。

(46) 这个问题解决得很好。

(47) 你们的方法还需要改进。

上面的例(40)—(43)是事件性受事主语句，例(44)—(47)属于非事件性受事主语句。这两种性质的受事主语句可以从以下几个方面加以区别：

第一,事件性受事主语句事件性强,因此往往可以带时体助词“了”,而非事件性受事主语句则事件性弱,主要表达说话人的一种主观看法,因此评述性强,属于评议句,往往不能带时体助词“了”,如例(44)—(47)句都不可以在句尾加“了”。

第二,正是因为事件性受事主语句事件性强,非事件性受事主语句评述性强,因此前者后面可以添加“以后＋另一个事件性小句”,后者则不可以这么添加。例如:

(48) 桌子搬走了以后你去哪了?

(49) 房子拆掉了以后你住什么?

(50) 门关上了以后他就开始学习了。

(51) 这本书看完了以后他继续看另一本。

(52) *这个方法值得提倡以后他就告诉大家。

(53) *沙漠是可以征服的以后人们就开始改造沙漠了。

(54) *这个问题解决得很好以后,大家都夸她有能力。

(55) *你们的方法还需要改进以后,你们就该想新的办法。

第三,因为非事件性受事主语句属于评议句,带有很强的说话人的主观性,因此可以通过添加“我认为”“依我看”“对我来说”“就我个人而言”等体现个人主观性的词语来凸显这种句子的评议属性,而事件性受事主语句则不可以这样添加,因为事件性受事主语句往往陈述的是客观事实,往往不以说话人的意志为转移的。例如:

(56) 我认为/依我看,这个方法值得提倡。

(57) 我认为/依我看,沙漠是可以征服的。

(58) 我认为/依我看,这个问题解决得很好。

(59) 我认为/依我看,你们的方法还需要改进。

(60) ? 我认为/依我看,桌子搬走了。

(61) ? 我认为/依我看,房子拆掉了。

(62) ? 我认为/依我看,门关上了。

(63) ? 我认为/依我看,这本书看完了。

第四,事件性受事主语句因为事件性强,往往可以转化为“被”字句,而非事件性受事主语句因为评议性强,所以不能这么转换。例如:

(64) 桌子被搬走了。

(65) 房子被拆掉了。

(66) 门被关上了。

(67) 这本书被看完了。

(68) * 这个方法值得被提倡。

(69) * 沙漠是可以被征服的。

(70) * 这个问题被解决得很好。

(71) * 你们的方法还需要被改进。

通过以上讨论,我们可以看出把受事主语句分为事件性受事主语句和非事件性受事主语句非常重要,而且本研究认为,所谓的汉语中动句实际上都是非事件性受事主语句,即都是评议句,因为无论“起来”句、“模态”句还是“难易”句,都符合我们上面所提到的非事件性受事主语句的特征。例如:

(72) a. “奔驰车”开起来很舒服。

b. *“奔驰车”开起来很舒服了。

c. *“奔驰车”开起来很舒服以后我就经常开。

d. 我认为/依我看,“奔驰车”开起来很舒服。

e. *“奔驰车”被开起来很舒服。

(73) a. 这个手续特别难办。

b. ? 这个手续特别难办了[1]。

c. * 这个手续特别难办了以后我就不办了。

---

[1] 因为汉语的事件句和状态变化句都可以带“了”,如“吃饭了”和“天热了”,所以用“了”作为鉴别标准有时候效果不是十分明显。

d. 我认为/依我看，这个手续特别难办。

e. *这个手续特别被难办了。

(74) a. 橘子皮还能做药。

b. *橘子皮还能做药了。

c. *橘子皮还能做药以后，我们就多买一些。

d. 我认为/依我看，橘子皮还能做药。

e. *橘子皮还能被做药。

(75) a. 这本书值得读。

b. ？这本书值得读了。

c. *这本书值得读以后我们就多读几遍。

d. 我认为/依我看，这本书值得读。

e. *这本书值得被读。

(76) a. 牛筋鞋底耐磨。

b. ？牛筋鞋底耐磨了。

c. *牛筋鞋底耐磨以后我们就多买牛筋底的鞋子。

d. 我认为/依我看，牛筋鞋底耐磨。

e. *牛筋鞋底被耐磨。

另外，“可V”和“好V”词汇化以后，成为一个地地道道的形容词，而形容词谓语句的一个重要功能就是陈述主语的性质，属于典型的评议句。例如：

(77) 这种肉好吃。

(78) 这首歌好听。

恐怕没有人会把上述两例看作汉语的中动句。正如严辰松(2011)所言，汉语“起来”句有很大一部分表述人的体验，其中“听起来”“看起来”“闻起来”“说起来”等的句子占了很大比重。这一现象说明，“V起来”的基本功能是为说话人对受事属性的主观评价提供来源或依据，因此“V起来”在整个“起来”句中应该属于“示证性”范畴(evidentiality)。所以我们赞同曹宏(2004c)把“V

起来”[1]处理为状语。但是,我们必须承认,由于某些动词与“起来”经常搭配,使用频率达到一定高度时,会使“V起来”的语法化程度提高,成为一个真正的“示证性”范畴,古川裕(2005)就认为“看起来”可以看作一个情态副词。我们认为,除了“看起来”,“听起来”和“说起来”等都可以看作是真正的“示证性”范畴,因为它们在句子中的位置比较灵活,在有的语法书中被称作“插说语”或“独立成分”。例如:

(79) 这个手续看起来很麻烦。→看起来这个手续很麻烦。

(80) 这件事听起来很有意思。→听起来这件事很有意思。

(81) 这件事说起来又不免话长。→说起来这件事又不免话长。

总而言之,“起来”句的评价功能是该句中的AP承担的,之所以“起来”句中有的“V起来”可以删除而有的不行,主要还是“V起来”的语法化程度不同,语法化程度高的“V起来”可以删除,而语法化程度低的“V起来”都不可以删除,但是不管怎样,把它们统一处理为汉语的“示证性”范畴还是可以的。例如:

(82) 这朵花闻起来很香。→这朵花很香。

(83) 这本书卖起来很快。→ * 这本书很快。

尽管上面二例在删除“V起来”上存在差异,但是评价语“很香”和“很快”都是说话人在“闻这朵花”和“卖这本书”(或“看到别人卖这本书”)时的一种感受,“V起来”为这种感受提供依据。

总而言之,汉语所谓的中动句都是非事件性的评议句,汉语语法没有必要模仿印欧语语法来增设中动范畴。汉语没有中动范畴,并不等于说汉语没有表达印欧语中动语义的手段。

4.4.2 取消中动句的意义

上一小节讨论了汉语中所谓的中动句都属于非事件性的评

① 曹宏(2004c)把“V起来”称作中动短语。

议句，因此，本研究认为没有必要为汉语语法增设中动范畴，这一结论既符合汉语事实也符合理论简洁性要求。

首先，“汉语中有没有中动句”是一个假命题，主要是因为“中动”是一个多义概念，从国外用“中动”指称各种语言现象便可以看出(参见上文例(1)—(4)以及各种对“中动”术语的替代叫法)。即使英语的“中动”概念和表现形式与其他印欧语的“中动”概念和表现形式并非完全一致，但在“中动”属于语态范畴这一点上是一致的，即中动句式形式上是主动的，而语义是被动的，所以才命名为“中动句”来加以解释。汉语没有形态标记，除了“被”字句，主动和被动并没有形式标记，所以不存在、也不需要“中动”概念。现代汉语中典型的歧义句“鸡不吃了”和“咬死猎人的狗”(陆俭明2005:86,93)最能够说明问题。“鸡”既可以是施事也可以是受事，因此“鸡不吃了”是歧义句。“狗”既可以是施事也可以是受事，因此“咬死猎人的狗”也是歧义句。而《繁花》中有这么一句话“现在我扫地出门，等于民工”，实际上意思为“我被扫地出门”，但是“被”字可以不出现。这都说明汉语主动、被动的理解主要依赖语境，没有形成严格意义上的主动、被动的形式对立。赵元任(1952:49)也明确指出汉语动词没有主动式被动式的区别，动作的方向看上下文而定[①]。总而言之，在汉语的发展过程中，尽管现代汉语中可以使用“被”字句表示被动，但是现代汉语中仍然存在大量的受事主语句(所谓的无标记被动句)可以表示被动功能。也就是说，现代汉语被动句并非一定要求有形式标记，或者说现代汉语没有形成真正意义上的主动、被动的形式对立。而且汉语中多数“被”字句有不如意、不愉快的感情色彩(张斌2002:418)，

---

① 赵元任(1952:50)还指出，要是动作发生在过去，更常用的译法是把动作者译成体词谓语结构，如“衣服是我买的(The clothes were bought by me)。”和“这条裤子是他烫的(The pair of trousers were ironed by him)。”

这也说明汉语的“被”字句并没有语法化为真正意义上的被动句，更多的是表达语用层面的情感意义。这与英语的被动句也存在较大的差异。

汉语不需要中动句也可以通过英语发展史加以说明，Trask(1996/2000:9)认为，一直到 18 世纪末，英语还是可以用受事主语句表示被动。例如：

(84) My car is repairing.（现在说成：My car is being repaired.）

(85) My house is painting.（现在说成：My house is being painted.）

(86) This problem is discussing at today's meeting.（现在说成：This problem is being discussed at today's meeting.）

Toyota(2008:56)把中动句置于被动态框架中进行讨论的①，并认为 be 作为助动词是在中世纪英语(约 1100 年)中形成的，而英语中动句则是在大约 18 世纪才形成(同上，213 页)。由此可以看出，在英语形成严格意义的主动-被动对立之前，受事主语句还可以使用，而在英语形成严格意义的主动-被动之后才逐渐形成所谓的中动句。虽然通常认为中动是介于主动和被动之间的一种语态(见维基百科英文版关于中动态介绍)，但是 Toyota 则把主动-被动-中动看作英语的态连续统(voice continuum)。因此，本研究认为在汉语主动、被动没有形成严格对立的情况下，增设中动范畴就显得没有必要。

其次，学界之所以有人讨论“中动句”，是因为他们混淆了功能同一和形式同一的关系，把汉语的某些句式简单地比附英语的“中动句”，这在理念上是错误的。但“中动句”表示说话人对某些

① Toyota 对“被动态”的定义十分的宽泛，只要主语是经历者取向(undergoer-orientation)的句子都属于被动句。

事物的评议这个语用功能，汉语也是有的，表现为部分“起来”句和“难易”句等。由于印欧语或英语的中动句是相对于主动句和被动句来说的，而且基本上有一个句式来专门表达中动语义，而汉语要表达类似西方语言的中动语义，则没有一个专门的句式，所以才会出现各种各样的所谓的汉语中动句，甚至出现了汉语“中动句式群”这一叫法，然而这个“中动句式群”到底包括哪些成员，恐怕很难给出一个明确的答案。除了本研究提到的“起来”句、“模态”句和“难易”句，能性补语句算不算，如“这个问题回答得很好”“这个苹果够不着，那个苹果够得着”等。也许汉语在表达印欧语系诸语言的中动语义时可以用多种句式来表达，即没有一个统一的中动句式，但也不能就此认为汉语也存在中动句，这种比附只会使语法研究复杂化，我们应该看到汉语能够表达西方语言中动语义的句子具有什么共性特征，本研究认为这些所谓的汉语中动句都是非事件性评议句。

最后，从语法理论的简洁性角度看，汉语也无须中动范畴。沈家煊(2016:4)在讨论一个词类系统确定以后，如何评价它的优劣时指出，评价的标准主要是两条:自洽和简洁。自洽是指不能自相矛盾，不能循环论证，简洁就是不要过分地复杂，能简就简。而且他还认为简洁准则凌驾于不同学派之上。本研究认为，把汉语所谓的中动句看作非事件性评议句，符合汉语事实，因为受事主语句古来有之，汉语的受事主语句与非受事主语句(或施事主语句)相对，相对来说就很简洁。而印欧语的中动句是相对主动句和被动句来说的，如果说汉语有中动句，那么它是相对什么句来说的？汉语的主动句、被动句和中动句用什么句法语义标准加以区分呢？即使跨语言比较以语义为基础，我们也不能认为别的语言有什么范畴，我们汉语也必须有什么范畴。除了受事主语句和“被”字句可以表达西方语言的被动语义，实际上汉语的“是……的”也可以对译西方语言的被动句(赵元任 1952:50，见

4.4.2 节脚注），我们能不能把“是……的”也说成是汉语的被动句抑或把受事主语句、“被”字句和“是……的”句称作汉语的“被动句式群”呢？

从谓语类型看，汉语注重客观叙述和主观肯定的区分（沈家煊 2012、2015，王冬梅 2014），这一区分的形式依据就是“有”和“是”的区分，“了”和“的”的区分。而客观叙述与主观肯定的区分实际上就是事件句和非事件句的区分。因此，我们可以说英语注重主动-被动的区分，所以才出现个所谓的中动，而由于汉语还没有形成严格意义上的主动-被动形式对立，汉语则注重事件句和非事件句的区分，因此本研究认为汉语根本不存在什么所谓的中动态或中动句，学界所认为的汉语中动句本质上说就是非事件性受事主语句。这也说明客观叙述（事件句）和主观肯定（非事件句）的区分不仅适用于汉语施事主语句，也适用于汉语的受事主语句。

4.5 结语

本研究从什么是中动句，中动句的特征和类型入手，然后讨论了汉语所谓的中动句，最后在区分事件性受事主语句和非事件性受事主语句的基础上认为取消汉语中动范畴既符合汉语事实也符合理论简洁性的需要。

“中动”概念在国外语言研究中可以指称各种不同的语言现象，包括反身、反致使、甚至被动等。国内关于中动句研究主要借鉴英语中动句概念。类似英语的中动句在世界语言中都存在，但是表现手段各不相同，因此中动句比较应以中动语义为基础。虽然世界语言表达中动语义的手段不尽相同，但是它们的核心语义是一致的，即“主要陈述受事主语具有某种属性”。

汉语所谓的中动句，如“起来”句、“难易”句和“模态”句只能说部分可以对译英语的中动句，但是它们都不是专门用来表达中动语义的句式。因此，把“起来”句、“难易”句和“模态”句定性为汉语中动句既不符合汉语事实，也使语言描写复杂化，从理论上也过于繁杂，不符合理论简洁性要求。沈家煊(2018)指出，汉语不需要“中动”概念，用比附的办法将中动式引入汉语，结果是“争议不断，徒添麻烦”。

本书认为汉语受事主语句可以分为事件性受事主语句和非事件性受事主语句，这表明客观陈述与主观肯定不仅适用于施事主语句也适用于受事主语句，从施事、受事、主观和客观等角度描写和解释汉语也许更符合汉语事实也更加简洁。

第五章　及物性还是作格性[①]

5.1　引言

本章想讨论以下四组汉语句子的作格性问题：

第一组：王冕死了父亲。他掉了两颗牙。

第二组：衣服烂了一个洞。衣服破了一个窟窿。

第三组：他淋了一场大雨。他中弹了。

第四组：那个苹果已经削了皮了。这本书撕了封面(就不好看了)。

第一组句子被郭继懋(1990)称作领主属宾句，被孟琮等(1999)称作施事宾语句，即人们通常所认为的由不及物动词带施事宾语构成的小句，关于这种句子的生成机制，很多学者都认为是汉语存现句的一种隐喻扩展(刘晓林 2007，王勇、周迎芳 2014)；第二组句子被孟琮等(1999)称作结果宾语句，即通常认为是不及物动词带上结果宾语，“衣服烂了一个洞”中的“洞”是“烂”的一种结果，这类句子的生成机制鲜有人专门讨论；第三组句子被李临定(1990)称作“遭”类动词句，如“他淋了一场大雨”的意思实际上是“雨淋他”，因此整个句子具有“遭受义”；第四组句子被

① 本章已在《对外汉语研究》2018 年第 1 辑上发表。

黄正德(2007)称作中动句或被动句，但是黄正德并未对把它们看作中动句或被动句的原因作出任何解释。以上四组句子，从表层看都是"主-动-宾"句，但是各组句子的谓语动词在语义上差异很大，从不同学者对它们有不同的称呼便可以看出。

尽管以上四组句子，从表面上看都是"主-动-宾"句，而从谓语动词的语义性质看，它们似乎互不相关，但是它们有一个共性特征，即句子的主语对事件的发生都不具有控制力或不负有任何的责任，它们实际上都是事件的经历者，笔者把这类句子统称为事件经历句。尽管它们都是双论元的句子，但是它们都不符合典型的及物性小句所具有的特征。因为典型的及物性小句所表示的意义是"施事对受事施加一定的作用力进而使受事受到一定的影响"(Næss 2007，Kittilä2011，王文丽、陈昌来 2017)。

既然事件经历句是双论元句而且又不是及物性小句[①]，那么就有必要对传统的及物性小句进行反思。也就是说，并不是所有的双论元句都是及物性小句。因此，本研究以作格性为视角，重新审视上面提到的四组汉语句子，认为事件经历句本质上是一种作格性小句。本研究认为，不仅汉语双论元句可以分为及物性小句和作格性小句，而且汉语单论元句也可以分为及物性小句和作格性小句。从及物性和作格性角度重新对汉语小句进行描写和分析，也许能够为汉语小句研究注入新的活力，使人们对汉语句法特性有一个新的认识。

5.2　什么是作格性

以往关于作格性(ergativity)的研究，总的来说包括两个方面：一个是关于作格语言的研究(Comrie1978：329，Dixon1979：

① 说它们不是及物性小句是因为它们不符合上文提到的典型及物性小句所表示的意义。

60)；另一个是关于作格动词的研究。而什么是作格动词，目前学界有两种不同的看法：一种认为作格动词是不及物动词的一个小类（与宾格动词相对）（Perlmutter1978，Burzio1986）；另一种则认为作格动词是具有致使-非致使交替现象的一类动词（Lemmens1998，曾立英 2009，宋亚云 2014，郭印 2015）。

作格语言指的是这种语言的不及物动词的主语与及物动词的宾语使用同样的格标记，而及物动词的主语则使用另一种格标记。及物动词的主语所使用的格标记通常叫作作格或施格（ergative），而不及物动词的主语和及物动词的宾语所使用的格标记通常叫作通格或对格（absolutive），这种语言通常就叫作作通格语言。如果一种语言的不及物动词的主语和及物动词的主语使用相同的格标记，而及物动词的宾语则使用另一种格标记，那么这种语言就属于主宾格语言，如印欧语系的德语、法语等。主宾格语言的主格通常是无标记的，而宾格则是有标记的。作通格语言的通格通常是无标记的，而作格则是有标记的。例如：

（1）东北高加索的 Avar 语（Anderson1976）

a. vas　vDeker-ula.
男孩　男性-跑-现在时
'这男孩在跑步。'

b. vas-as　sisa　b-ek-ana.
男孩-格标记　瓶子　非人类-打碎-过去时
'这男孩打碎了这个瓶子。'

例（1a）中的"男孩"是不及物动词的主语，例（1b）中的"瓶子"是及物动词的宾语，它们使用相同的格标记（无标记形式），而例（1b）中的"男孩"是及物动词的主语，它使用了格标记 as，因此 Avar 语就是典型的作通格语言。

Perlmutter（1978）把"作格"引入到非作格语言的研究当中，提出了著名的非宾格动词假说（unaccusative hypothesis），认为英语的不及物动词应该分为两类：非宾格动词（unaccusative verbs）和非作格动词（unergative verbs）[①]。Perlmutter（1978：162－163）从语义的角度对英语的非宾格动词和非作格动词进行了分类，认为非作格动词的主要语义元素为意愿或自主，带施事主语，而非宾格动词的语义元素主要是非自主和无意愿控制。总的来说，非作格动词通常以人或动物为主语，描述主语所指的意愿行为，可被识解为 do-类型表达，而非宾格动词多数以无生命事物为主语，描述主语所指的状态变化，所以通常识解为 become-类型表达（郭印 2015：5—6）。

曾立英（2009）、宋亚云（2014）和郭印（2015）把具有致使交替的动词称作作格动词。例如：

(2) a. 消防队员灭了火。

b. 火灭了。

(3) a. 他转变了态度。

b. 他态度转变了。

另外需要指出的是，有的学者甚至把汉语的受事主语句都看作是一种作格性句式，这可以从刘晓林、王文斌（2010）对作格化的定义中看出来。他们认为作格化是一种句法操作模式，可以定

---

① Burzio（1986）在管约论框架下使用了“作格动词”，从而导致一些文献将“非宾格动词”与“作格动词”视为等同物。而影山太郎（2001：146）则从及物和不及物角度认为英语动词可以分为三类：只有及物用法的动词、只有不及物用法的动词（非对格动词）和两种用法都有的（作格动词）。从影山太郎的观点可以看出，他的非对格动词可能要包括 Perlmutter（1978）所谓的非作格动词。汉语学界对作格动词的界定与影山太郎的观点基本一致，如曾立英（2009）、宋亚云（2014）和郭印（2015）等基本上把具有“致使交替”，即同时具有及物动词和不及物动词两种用法的动词叫作作格动词。黄正德（2007）则认为非宾格系列除了包括一元谓词中的存现动词（“来、是、有、死、出现”等）和不及物的起始动词（“开、关、沉、摇、气死”等），还包括二元谓词中的及物致使动词（“开、关、沉、摇、气死”等），由此可以看出黄正德（2007）的非宾格动词还不是专指具有致使交替的那类动词，比曾立英（2009），宋亚云（2014），郭印（2015）等所谓的作格动词范围要广，也比 Perlmutter（1978）所谓的非宾格动词广。

义为：在谓语动词保持不变的情况下，宾语名词移位到句首取代主语名词并构成一个合法句子的过程，也即句法宾语取代句法主语的过程。他们认为，在现代汉语中，单音节动词一旦跟上体标记或补语，一般都能够去及物化，弱化动性，完成作格化。例如：

(4) a. 他喝了那杯茶。

b. 那杯茶喝了。

(5) a. 他喝光了那杯茶。

b. 那杯茶喝光了。

(6) a. 他买了票。

b. 票买了。

按照刘晓林和王文斌的看法，汉语很多及物动词的不及物用法都具有作格性，因为汉语的及物动词与不及物动词的关系是一种包含关系，即不及物动词包含及物动词(王文丽、陈昌来 2017)。例如：

(7) 那封信已经拆了。

(8) 酒喝了但是饭还没有吃。

(9) 这首诗早就会背诵了。

上面例(7)—(9)中的动词"拆"、"喝"、"吃"和"背诵"都是及物动词，但是它们都有不及物动词的用法，按照刘晓林和王文斌的观点，这些句子都完成了作格化操作，具有作格性。笔者认为上面例(7)—(9)属于汉语的受事主语句，不存在作格化操作，理由是汉语及物动词都具有这种不及物用法，说明这种用法是一种常态。吕叔湘(1979/2007:39)在讨论词类转变时指出，凡是相同的条件下，同类的词都可以这样使用的，不算词类转变。笔者认为，凡是相同的条件下，及物动词都有不及物用法的，不能算作是由句法操作而形成的。这种认为汉语受事主语句的形成是作格化操作的观点，与西方语言学界认为作格来源于被动化操作(Plank 1979:7)的解释具有相似的地方。因此，笔者认为汉语的受事主语句的广泛使用，并非是被动化(包括中动化)或作格化操作的结果，更可能是由说话人组织语言的视角决定的（Langacker 2008：73）或者说什么处于前景、什么处于背景的问题（Ungerer & Schmid 2006：163）。

受影山太郎（2001：309）提出的“不同语言的视点差异”这一观点的影响（如下图所示），本研究认为这种视点差异与人们的思维推理模式有关。

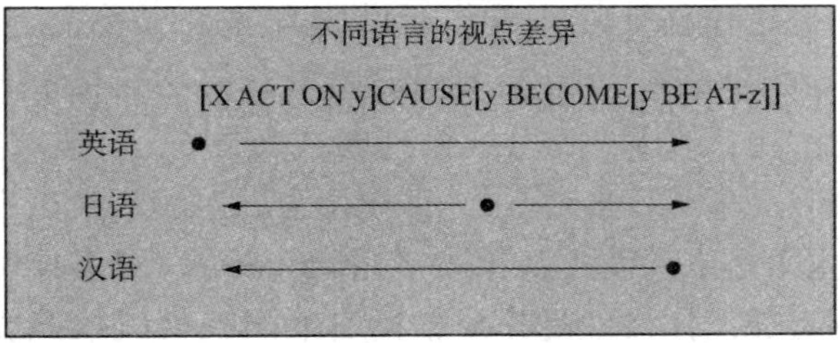

图1　不同语言视点差异图

上图表示英语是从行为者（域外论元）的观点来观察事物推移的语言，行为者的视线当然投向行为的结果状态；而汉语基本上是一种重视结果的语言，表现的视点位于蒙受动作而发生变化的对象[1]。由此看来，对于主宾格的语言来说，单论元句[2]不管主语是否有致使性（致事[3]），都使用主格。双论元句是单论元句中主语有致使性时的自然扩展，因为当主语具有致使性时，很自然地推理出其发出一种动作或产生一种力量会对他物产生一定的影响，这一动

---

① 汉语是一种重视结果的语言是影山太郎转引 Tai（1984：295）的观点，由于笔者这里关注及物性和作格性的本质，或者说关注主宾格语言与作通格语言的差异，因此，笔者暂不考虑日语的及物性或作格性问题。

② 本研究不使用不及物性小句和及物性小句，而使用单论元句和双论元句，因为这更有利于描写汉语小句，如引言中给出的四组句子都是双论元句，但是它们都不是及物性小句。

③ 本研究认为致事包括施事和使因，施事和使因的差异就是是否具有意志性，共同之处是它们都是事件的引发者（instigator），也就是说，有意志的引发者是施事，无意志的引发者是使因。例如：“他开门了”中“他”是施事，而“风吹开了门”中的“风”就是使因。

作行为延及的对象(受事)论元就使用宾格。而对于作通格的语言来说,单论元句多描写客体(theme)所处的状态或状态变化[1],都使用通格(早期也说是主格[2]),双论元句则是反向推理是什么原因导致客体处于这种状态或发生这种状态变化,这一原因(致使性)论元就使用作格(也有翻译为施格的)。因此,不论是主宾格语言还是作通格语言,其双论元句都应该是及物性的[3](Kittilä2002,2011)。

本研究把作格性看作是作通格语言的组织模式,它与及物性[4]相对。也就是说,本研究把及物性看作是主宾格语言的组织模式,它受"由因及果"的思维推理模式所支配,它强调主语(致事)对宾语(受事或役事)施加一种作用力并对宾语产生一定的影响,其中主语是事件发生的引发者(instigator),对事件的发生负有一定的责任。作格性是作通格语言的组织模式,它受"由果溯因"的思维推理模式的支配,从而产生双论元句。由于作通格语言双论元句的宾语(受事)和单论元句的主语(多为受事,也可以看作客体)编码相同(通格),因此这种语言关注受事(或客体)对事件具有不可控性,它仅仅是事件发生的一个经历者(undergoer),对事件的发生不负有任何责任。因此,在以往的研究中,主宾格语言人们更多地关注双论元句(一物对另一物的影响),而作通格语言人们则更多地关注单论元句(事物所处的状态或状态变化)。Plank(1979:15)认为宾格结构来源于及物句中的施事的话题化,作格结构来源于及物句中的受事的话题化。因

---

① 很多作格语言有分裂作格现象,这表明很少有一种语言是纯粹的作格语言。

② 从 Kibrik(1979)对 Archi 语和 Verbeke(2013:1)对 Hindi-Urdu 语的通格都标注为主格(nominative)就可以看出。

③ Kittilä(2002,2011)认为不论主宾格语言还是作通格语言,它们的双论元句都具有及物性。然而汉语的特殊性之处就在于其双论元句并非都是及物性的。

④ 本研究把作格性与及物性作为对立的两个术语,主要是从语言的组织模式上对主宾格语言和作通格语言加以区分。这一区分主要想从语言思维和语义角度对不同语言的形态编码差异作出一个新的解释。

此，谈起及物性，人们自然地与双论元句挂起钩来，而谈起作格性，人们则自然地与单论元句挂起钩来。这也许是有些学者认为受事主语句源于作格化的原因，如刘晓林、王文斌(2010)。笔者把及物性与作格性看作是对立的一组概念，认为它们是两种不同的语言组织模式，主宾格语言主要使用及物性组织模式，而作通格语言主要使用作格性组织模式，但是也可能有的语言同时使用这两种组织模式。从语言编码的组织模式这一角度可以对主宾格语言和作通格语言的格标记(形态编码)差异有一个新的认识，即不同语言的形态编码方式可能受不同民族的语言思维习惯所制约。同时，还能对汉语的双论元句并不都是及物性小句作出合理的解释。

5.3 汉语的作格性

正如吕叔湘(1987)所言，由于汉语缺乏格标记这种形态手段，说它是主宾格语言或作通格语言都只能是一种比况的说法。说汉语具有一定的作格性，并不是说汉语就是作通格语言。近年来，很多学者从作格性视角研究汉语并取得了丰硕的成果(郭继懋 1997，杨素英 1999，施春宏 2007，黄正德 2007，曾立英 2009，宋亚云 2014，郭印 2015)。以上只是列举了部分学者的研究成果，实际上从作格视角研究汉语的学者还有很多，恕不一一列举。

笔者说汉语具有作格性，一是从汉语中存在大量的受事话题句可以看出，二是从汉语及物动词和不及物动词之间的关系也可以看出。汉语中存在大量的受事话题句是一个不争的事实，而且自古以来都有(袁健惠 2015)。例如①：

(10) 儒者可亲而不可劫也，可近而不可迫也。可杀而不可辱也。(《礼记・儒行》)

---

① 例(11)—(15)引自袁健惠(2015)。

(11) 毒即去。(《道行般若经》)

(12) 此饭不可妄食。(《杂譬喻经》)

(13) 诸事火具,悉弃水中。(《中本起经》)

(14) 财务日耗,人所嗤笑。(《杂譬喻经》)

(15) 甘露当开,谁应次闻。(《中本起经》)

汉语的及物动词与不及物动词之间的关系是不及物动词包含及物动词(王文丽、陈昌来 2017),也就是说汉语的及物动词都有不及物动词的用法,属于不及物动词,及物动词的及物性主要体现在它能够构成双论元句,是一种能带双论元的不及物动词[①]。这也许就是高名凯(1948/1986)认为汉语无法区分及物动词和不及物动词的原因[②]。例如:

(16) a. 他已经把这篇课文读了三遍了。

b. 这篇课文读三遍了,但是我还是不懂。

(17) a. 他们把这座桥拆了。

b. 这座桥已经拆了好几天了。

(18) a. 小王杀了早晨买的那只鸡。

b. 早晨买的那只鸡已经杀了。

上面例(16a)中的动词"读"带有两个论元"他"和"这篇课文",而例(16b)中同一个动词"读"却只带一个论元"这篇课文",

---

① 审稿专家提出,按照本研究的观点,不及物动词也能构成双论元句,那么如何区分及物动词和不及物动词,是否有区分的必要?笔者认为,及物动词都有不及物用法,属于不及物动词,而很多不及物动词构成的双论元句却不是及物性小句,这些不及物性的双论元句可能是其他句式派生而来,因此及物动词和不及物动词构成的双论元句有本质的差异,有区分的必要。及物动词与不及物动词的关系,如同沈家煊(2009)对汉语名词和动词的看法一样,名词包含动词并非要否定二者的区别,不及物动词包含及物动词也不是要否定二者的区别。

② 高名凯的原句是:汉语动词"本无及物和不及物之分别。当它存在于具体的命题或句子里头的时候,它既可以是及物的,也可以是不及物的,完全视实际的情形如何而定。同样的词在汉语中往往可以两用"。

因此当一个动词带两个论元时说它是及物动词，当它带一个论元时说它是不及物动词，这有点像关于汉语词类的“依句辨品”说。所以，高名凯认为单独来看，汉语无法区分及物动词和不及物动词。例(17)和例(18)可以作类似的分析。如果从及物动词和不及物动词的包含模式看，及物动词也是不及物动词，可以带单论元也不足为奇。如果从本研究对作格性的理解来看，汉语的及物动词的双论元句可能是从其不及物的单论元句发展而来，具体发展过程可以表示为(也可参看王文丽 2017)：

NP1 ＋ V ＋（了）/NP2 ＋ V ＋（了）→ NP1 ＋ V ＋ NP2 ＋（了）

这个过程可以看作是沈家煊(2006)所谓的“截搭”型整合造句。从上文对作格性的理解来看，作格性是语言的组织模式，注重事物的状态或状态变化，单论元句的论元是无标记的通格，其双论元句是根据“由果溯因”的思维推理模式，添加致事(施事或使因)而形成的，那么汉语的及物动词双论元句的发展过程正好符合作格性语言的组织模式。但是汉语与作格性语言的主要差异是，汉语及物动词的双论元句中，那个添加的致事没有形态标记，也就是说没有使用所谓的作格，因此可以说汉语具有作格性，但不好把汉语定性为作格语言。

对于引言中给出的四组句子，笔者认为它们具有作格性，主要基于两点考虑：其一，它们不仅在语义上不符合典型的及物性小句所表示的意义，而且形式上也与典型的及物性小句有差异，即典型的及物性小句一般可以转换为“把”字句和“被”字句，而这四组句子都无法转换为“把”字句和“被”字句[①]；其二，不管这四组句子的产生机制到底是什么，但是它们的主语具有共同的语义特征，即主语对事件的产生都没有控制力，都对事件的发生不负有

① 如典型的及物性小句“他打了我一顿”可以转换为“他把我打了一顿”或“我被他打了一顿”，但是“王冕死了父亲”不能转换为“王冕把父亲死了”，“衣服烂 (转下页)

任何的责任[①]，也就是说，这四组句子的主语不是致事。这四组句子与作格性的单论元受事话题句在主语对事件的控制力和主语是否对事件发生负有责任方面表现是十分一致的，这也是本研究把它们定性为作格性小句的主要原因。

通过以上讨论，本研究认为汉语无论是单论元句还是双论元句，根据主语对事件的发生是否具有控制力或是否负有责任，都可以分为及物性小句和作格性小句两类[②]，列表如下：

表 1　汉语小句分类表[③]

	及物性	作格性
单论元句	他走了。/他休息了。/他打了。/他笑[④]了。	他死了。/房子拆了。/那艘船在海上沉了。

(接上页)了一个洞”不能转换为“衣服把一个洞烂了”。

① 审稿人提出疑问，即“我错了两道题”也是作格性小句吗？“我”对事件的发生是否负有责任？笔者认为，尽管“我”对做错题可能负有一定的责任，但是“我”对事件的发生绝对是非可控的，这是常态，很少有人做作业或考试时会故意或主动把题目做错，因此主语对事件的发生是否具有控制力是第一位的，是否负有责任是第二位的、派生的。

② 本研究所谓的及物性小句和作格性小句主要是对事件句的分类，实际上汉语除了有事件句还有非事件句，如状态句(他很胖)和关系句(他是中国人、他有一个哥哥)。

③ 在 2016 年语言类型学研究方法青年学者沙龙(南昌大学)上，有与会专家提出如何处理汉语“被”字句问题，笔者认为，如果只出现“被”字而无后面的施事，如“房子被拆掉了”，处理为作格性单论元句没问题；如果“被”字及其引导的施事一起出现，如“房子被敌人拆掉了”，虽然汉语学界有人把这类“被”字句处理为致使句式(周红 2005：212－214)，但是由于介词“被”的宾语属于非必有论元，因此被动句在国外很多文献中都处理为不及物小句或去及物性(de-transitive)小句(参见 Siewierska1984：8，Givón2001：125)，所以其性质与单独出现“被”字的“被”字句相同，仍可看作作格性单论元句。

④ 当然在实际上操作中，对于主语对事件的发生是否有控制力，有时候确实存在很难判定的时候，如“他笑了”，既可以是一个人故意地笑，也可以是一个人被别人逗笑的，在分裂不及物语言中(Merlan1985)，这两种情况是有区分的。对于汉语双论元句也有这种情况，如“他丢了一个鸡蛋”既可以是故意地“扔掉”，也可能是无意地“少了或被偷了”。“丢”既有“扔”的意思也有“失去”的意思，一般情况下还是可以区分的，不好的东西倾向于“扔”义，好东西倾向于“失去”义，如“他到外面丢了一箱垃圾”倾向于“扔”义，“他在火车上丢了一个钱包”倾向于“失去”义。

（续 表）

	及物性	作格性
双论元句	他打了我一顿。/他们把船沉了。	王冕死了父亲。/他脸上长了一个疣子。

需要注意的有以下几点：一是上表从及物性和作格性把汉语小句分为单论元句和双论元句，只是一种倾向性分类，不是绝对化的分类，因为有时候判断主语对事件的发生是否具有控制力也不是很容易，毕竟汉语没有相应的形式标记；二是笔者把汉语所谓的及物动词在没带宾语的情况下，归入单论元句；三是汉语学者认为的作格动词（曾立英 2009，宋亚云 2014，郭印 2015）在带宾语的情况下归入双论元及物性小句，没带宾语的情况下归入单论元作格性小句①。本研究的分类与黄正德（2007）、郭印（2015）从作格性角度为汉语分类最大的区别是，笔者把曾立英（2009）所谓的作格动词（即具有及物和不及物两种用法的动词）构成的双论元句和单论元句分别归入及物性双论元句和作格性单论元句，也就是说，笔者实际上把曾立英（2009：65）所谓的作格句"（外部）引发者＋V＋中介（medium）"②归入及物性双论元句，把她所谓的通格句"中介（medium）＋V"归入作格性单论元句。同时把通常所谓的及物动词构成的小句也分为两类，带宾语时归入及物性双

① 黄正德（2007）把单论元动词和双论元动词分为非作格系列和非宾格系列，非作格系列的单论元动词有"笑、哭、飞、跳"等不及物动词，非作格系列的双论元动词有"打、骂、吃、写"等及物动词；非宾格系列的单论元动词有"来、是、有、死"等存现动词和"开、关、沉、摇"等起始动词，非宾格系列的双论元动词有"开、关、沉、摇"等致使动词。郭印（2015）也从及物性和作格性为汉语动词分类，及物性动词分为及物（张三写了一首诗）和非作格（张三病了）；作格性动词分为双位作格（消防队员灭了火）和非宾格（火灭了）。

② "动作者（actor）＋V＋目标""（外部）引发者＋V＋中介（medium）""动作者（actor）＋V""中介（medium）＋V"是曾立英（2009：65）对句子类型及物句、作格句、不及物句和通格句的码化形式。

论元句,不带宾语时归入及物性单论元句,也就是说,对曾文的及物性双论元句“动作者(actor)+V+目标”我们予以保留,但是对于她所谓的不及物单论元句“动作者(actor)+V”我们认为是及物性的单论元句[①]。本研究的这种分类,把曾文的句子类型四分处理为二分,也就是说无论是单论元句还是双论元句,都可以简单地分为及物小句和作格性小句,这种分类体现了语言分析的简洁性原则。

5.4 来自其他语言的证据

在有形态的语言中,不及物动词的主语有时候会出现编码不一致的情况,这种现象叫作分裂不及物性(Merlan1985)。例如:

(19) Batsbi 语(中北部高加索,Merlan1985:339)

a. so　　txa　　xiɬě　　čuḥ

我-主格　今天　待-过去式　里面

‘我今天待在家里。’

b. as　　w-ui’a-s

我-作格　男性-走-第一人称

‘我走。’

(20) Tabassaran 语(达吉斯坦,Kibrik1985:278)

a. Rušun-za　‘我来了。’

① 也就是说,“我把这碗饭吃完了”可以看作是及物性双论元句,但是对“我吃完了”和“饭吃完了”分别看作是及物性单论元句和作格性单论元句。曾文把“我吃完了”看作是不及物的单论元句。这是笔者与其观点的一个差异之处。这是本研究对及物性和作格性的定义决定的,及物性强调一物对另一物的影响,而作格性强调主语的一种经历或遭遇。“我吃完了”中“我”对“吃”有控制力,当然其影响的对象也可能是主语“我”自己,Næss(2007:72)指出,“主语的受影响性”是“吃”类动词意义中的重要成分。而“饭吃完了”中“饭”只是“吃”的对象,经历了被“吃完”这样一个过程,对事件的发生无任何控制力。

b. ergra-zu ‘我累了。’

(21) Acehnese 语(苏门答腊,Bickel2011:437)[①]

a. ji-jak gopnyan

3A-走 3HON

‘他/她走。’

b. gopnyan rhët-geuh

3HON 跌倒-3HON.O

‘他/她跌倒。’

c. gopnyan ka-ji-poh-geuh

3HON INCH-3A-打-3HON.O

‘他/她打他/她。’

例(19a)中,主语“我”用的是主格 so,表明“待在家”是客观的无意的行为,而(19b)中的主语“我”用的是作格 as,表明“走”是主观的有意的行为。例(19)中的 a、b 两例都属于不及物小句,但是主语使用不同的格标记,这主要取决于主语是否具有[+意愿性]语义特征。例(20a)中的主语 za 代表施事“我”,因为动词“来(Rušun)”是只能带施事主语的动词,而(20b)中的主语 zu 代表受事“我”,因为动词“累(ergra)”是只能带受事主语的动词。例(20)中的 a、b 两例也都属于不及物小句,但是主语也使用不同的格标记,这主要取决于主语的语义性质,是施事还是受事。例(21a)中的动词“走”有一个前缀 ji 代表主语“他/她(gopnyan)”是施事,(21b)中的动词“跌倒”有一个后缀 geuh 代表主语“他/她(gopnyan)”是受事,这从(21c)中可以看出,因为动词“打(poh)”既带有施事前缀 ji,也带有受事后缀 geuh。也就是说,例(21)中

① 例(21)中的数字 3 表示第三人称单数,A 代表施事(agent),ji 是施事前缀;HON 是 honor 缩写,表示敬辞;O 代表宾语(object),geuh 是受事后缀;INCH 代表起始态(inchoative)。

的 a、b 两句的主语使用不同的格标记也是因为主语的语义性质有差异。Merlan(1985:350352)讨论了分裂不及物产生的动因主要有三种情况:一种是生命度(animacy,有生 vs 无生)、起始化(inchoativization,静态 vs 变化)和意愿性(voluntariness,有意 vs 无意)。不仅不及物动词的主语有分裂现象,而且对于有些作格语言来说,还存在分裂作格现象,即双论元小句的主语,有时候编码为主格,有时候编码为作格。DeLancey(1981)提到了三种分裂作格现象:一种是基于移情层级(Empathy Hierarchy)的分裂作格现象,一种是基于体控制(aspectually governed)的分裂作格现象,还有一种是基于动态-静态(active-stative)对立的作格现象。Verbeke(2013)提到了两种分裂作格现象:基于指称层级(referential hierarchy)的分裂作格和基于时-体-式(tense/aspect/mood)的分裂作格。

从以上的讨论可以看出,无论是单论元句还是双论元句,其主语编码都存在编码分裂现象①。尽管不同语言产生这种分裂的原因不尽相同,但是这种现象可为汉语研究带来一定的启示。由于汉语缺乏形态标记,单从语义特征上把汉语单双论元句分为及物性小句和作格性小句肯定会有争议,但是英语的形态相对其他印欧语来说并不是十分丰富,而 Perlmutter(1978)针对英语不及物动词提出的非宾格假说也得到了很多学者的肯定,因此,对汉语不及物小句作及物性和作格性区分,笔者也只能算作借鉴不能算作创新。本研究从主语对事件的发生是否具有控制力或是否负有责任把汉语单论元句和双论元句都分为及物性和作格性两类,主要原因就是用传统的及物性理论无法对引言中给出的四组

---

① 分裂作格现象是伴随着人们对作格语言的深入研究而发现的语言现象,因此有学者认为世界上可能没有一种语言是纯粹的作格性语言(Verbeke2013:8),而对于分裂不及物现象,Creissels(2008)认为主要存在于核心标注型语言之中。

句子作出合理的解释,因为它们无论从形式上还是从意义上都与典型的及物性双论元句存在本质的差异。如果从作格性角度能够对它们作出合理、统一的解释,也算是本研究的一点创新。

5.5 结语

本研究从四组汉语小句出发,认为这些句子用传统的及物性理论无法作出合理的解释,然后笔者回顾了以往关于作格性方面的研究并提出本研究对及物性和作格性的看法。本研究把及物性和作格性都看作是语言的组织模式。及物性是主宾格语言的组织模式,它受"由因及果"的思维推理模式所支配,它强调主语(致事)对宾语(受事或役事)施加一种作用力并对宾语产生一定的影响,其中主语是事件发生的引发者(instigator),对事件的发生负有一定的责任。作格性是作通格语言的组织模式,它受"由果溯因"的思维推理模式的支配,从而产生双论元句①。由于作通格语言双论元句的宾语(受事)和单论元句的主语(多为受事,也可以看作客体)编码相同(通格),因此这种语言关注受事(或客体)对事件具有不可控性,它仅仅是事件发生的一个经历者(undergoer),对事件的发生不负有任何责任。基于以上认识,本研究把汉语单论元句和双论元句都分为及物性小句和作格性小句两大类。这种分类具有理论简洁性,无须使用一些所谓的派生操作程序。不及物分裂现象和分裂作格现象可以为本研究提供语言事实的证据支持。Bechert(1979:46)就认为作格和主格也许可以存在于同一种语言之中。Halliday(1985/1994:164)就对英

① 汉语作格性单论元句(那条船沉了),按照本研究的观点,"由果溯因"可以推理出及物性的双论元句"他们沉了那条船或他们把那条船沉了"。汉语作格性双论元句与作格性单论元句都是强调主语是事件的经历者,对事件的发生不负有任何责任,其产生动因可能是其他句式类推的结果,因此,汉语双论元句并非都是及物性小句。

语小句同时作及物性和作格性分析。

由于汉语缺乏严格意义的形态变化，正如吕叔湘(1987)所说，说汉语是主宾格语言和作通格语言都是一种比况。本研究从及物性和作格性角度分析汉语的小句，并不是认为汉语是作格语言。汉语单论元句和双论元句都可以分为及物性小句和作格性小句，这也只是一种倾向性现象，不可理解为“绝对共性”，但是任何倾向都是被干扰的共性(陆丙甫 2001)，对于汉语小句这种倾向性规律也同样适用。

第六章 汉语及物动词的低及物用法和非及物用法

6.1 引言

及物性问题是句法理论研究的核心问题，尤其是以动词中心论为代表的印欧语语法理论中，都会谈到及物性问题，如 Halliday(1994)和 Dixon(2010)都有专节或专章讨论及物性的。而汉语及物性问题，和汉语词类问题一样，至今在国内外都没有达成一个统一的认识，值得作进一步研究。

根据吴锡根、李志仁(1996)，早期汉语及物性研究集中在三个方面：一、划分及物动词和不及物动词的可能性和必要性；二、划分及物动词和不及物动词的标准；三、及物动词与不及物动词的下位分类。第一个方面学界有三种观点：一种观点认为汉语动词没有必要区分或很难区分及物动词和不及物动词，如高名凯(1948)等；另一种观点认为汉语动词划分为及物和不及物两类名称不很妥当，因而提出了自己的分法，如吕叔湘(1947)等；还有一种观点仍然主张区分及物动词和不及物动词，如黎锦熙(1924)等。第二个方面学界有三种不同的标准：分别是意义标准，如马建忠(1898)等；意义和形式相结合标准，如吕叔湘(1947)等；形式标准，如王力(1943)、赵元任(1979)等。第三个方面学者们由于分类标准不同而得出不同的结论，如黎锦熙(1924)、赵元任(1979)、朱德熙(1982)、吕叔湘(1980)、范晓等(1987)等。根据王文丽(2017)，20世纪90年代中期以后，汉语及物性研究主要可以分为六个方面：(1)及物性有高低等级或典型性差异方面的研究，如屈承熹(2001)、王志军(2004)等；(2)不及物动词带宾语现象方面的研究，如郭继懋(1999)、徐盛桓(2003)等；(3)及物动词和不及物动词的下位分类方面的研究，如徐杰(2001)等；(4)及物性与汉语句式方面的研究，如王惠(1997)、郑伟娜(2012)等；(5)特殊不及物动词方面的研究，如陈昌来、胡建锋(2003)等；(6)及物性的理论思考方面的研究，如曾立英(2004)、吴义诚、李艳芝(2014)、沈家煊(2018)等。而近年来，又出现了一些运用及物性理论来解释汉语构式的句法语义和语用特征的文章，如寇鑫、袁毓林(2017)、许红花(2017)、李劲荣(2018)等。

就我们所知，目前汉语学界对汉语动词的及物性问题主要存在四种观点：一是汉语动词无法区分及物动词和不及物动词，以高名凯(1948)为代表；二是汉语动词可以区分及物动词和不及物动词，目前国内多数现代汉语教材都持这种观点，如胡裕树(2015)、黄伯荣、廖旭东(2017)等；三是汉语不及物动词包含及物动词，以王文丽、陈昌来(2017)为代表；四是汉语动词区分及物不及物不重要，以郭绍虞(1979)和沈家煊(2018)为代表。

本研究以现代汉语两个高频及物动词“打”和“吃”为例①，全面考察它们的句法分布，着重考察它们的低及物用法和非及物用法，以期窥探汉语及物动词的真实面貌，进而反思汉语动词的及

① 本研究得到教育部人文社会科学规划基金项目资助(项目编号为21YJA740043)。《现代汉语频率词典》中前20个高频动词中，只有“打”和“吃”是典型的动作动词，其余分别为不及物动词、感知动词、心理动词、言说类动词、形式动词等。

物不及物研究中长期存在的争议性问题。

6.2　及物动词的典型用法和判断标准

6.2.1　及物动词的典型用法

典型的及物性小句所表示的意义是“施事对受事施加一定的作用力进而使受事受到一定的影响”(Næss2007，Kittilä2011，王文丽、陈昌来 2017，吴怀成、王文丽 2018)。汉语典型及物动词“打”和“吃”都可以用于典型的及物性小句中。例如：

(1) 他把那个人打了一顿。

(2) 他打了我一巴掌。

(3) 小李把这碗饭吃了。

(4) 小李今天已经吃了一个苹果了。

根据典型及物性小句的意义，典型的及物性小句实际上是一个致使性句式，一般包括四个要素：致事、役事、动作和结果(包括状态变化)。上面例(1)中的致事是“他”、役事是“那个人”、动作是“打”、结果是“打了一顿”；例(2)中的致事是“他”、役事是“我”、动作是“打”、结果是“打了一巴掌”；例(3)中的致事是“小李”、役事是“这碗饭”、动作是“吃”、结果是“吃了”；例(4)的致事是“小李”、役事是“一个苹果”、动作是“吃”、结果是“吃了”。

本研究认为典型的及物动词用于典型的及物性小句之中的这种用法是及物动词的典型用法，根据认知语言学的原型理论(参见 Ungerer & Schmid2006 第一章)，凡是偏离这种典型用法的用例都是及物动词的非典型用法。通过本研究的考察发现，汉语及物动词的非典型用法主要包括两大类：低及物性用法和非及物性用法。在讨论这两类汉语及物动词的非典型用法之前，先来讨论一下及物动词典型用法的判定标准问题。

6.2.2 及物动词典型用法的判定标准

Hopper & Thompson(1980)提出了10个判断句子及物性高低的标准,分别为:(1)动作参与者(participant)多少,有两个参与者时及物性高,有一个参与者时及物性低;(2)动作性(kinesis),动作动词及物性高,非动作动词及物性低;(3)体(aspect)特征,完成体及物性高,非完成体及物性低;(4)瞬时性(punctuality),瞬时动作及物性高,非瞬时动作及物性低;(5)意志性(volitionality),受意志控制的及物性高,不受意志控制的及物性低;(6)肯定性(affirmation),肯定句及物性高,否定句及物性低;(7)真实语气(mode),直陈语气及物性高,非直陈语气及物性低;(8)施动性(agency),施动性强及物性高,施动性弱及物性低;(9)宾语的受影响性(affectedness of O),宾语受影响性强及物性高,受影响性弱及物性低;(10)宾语的个体性(individuality of O),宾语的个体性强及物性高,个体性弱及物性低。Kittilä(2002)指出了Hopper & Thompson(1980)判定句子及物性高低的标准存在的问题:一、不应该把这10个参数看成同等重要,Tsunoda(1985:393)就认为施动性标准比宾语受影响性标准更重要;二、参数的选择也存在一定的问题,意志性标准和施动性标准具有共生性(co-occur),可以看作一个标准。王文丽(2017)基于有无及物性,把汉语动词分为及物动词、作格动词、不及物动词和假及物动词四类,其中她给出判定及物动词的句法语义标准分别是:

语义标准:可以构成原型事件句或非原型事件句,原型事件句一般包括两个语义角色,及物动词前为施事,及物动词后为受事,且施事对受事施加一定的作用力并使之发生一定的状态变化或产生一定的影响;非原型事件句与原型事件句的差异在于施事对受事的影响手段不同,非原型事件句不是靠物理性的作用力对受事产生影响,而是靠情感态度或言语对其施加影响。

句法标准[①]：a. 可以构成双论元句，一般以 N1＋V＋N2 为语序；b. 可以带时体标记“着”“了”“过”等；c. 一般可以带补语构成“动补结构”；d. 强及物动词可以构成“把”字句和“被”字句。

综合以上讨论，我们认为典型的及物动词是动作动词，而典型的及物性小句则属于事件句，因此：一、及物动词的典型用法是用于“主谓宾”句和“把”字句[②]；二、事件句又属于致使句，因此具有致使句的四个要素（致事、役事、动作和结果）；三、主语既然是施事，即有生命性的致事，所以主语具有意志性，宾语是受事，是受影响者，因此应该是有指的；四、因为有结果出现，所以动作必须是已完成的动作。据此，我们可以把及物动词典型用法的判定标准概括如下：

句法标准：(1)出现于“N1＋V＋N2”句或“N1＋把 N＋V”句中；(2)可以带补语。

语义标准：(1)主语具有意志性；(2)动作具有完结性；(3)宾语具有有指性。

凡是偏离以上句法语义标准的及物动词用法，都不是其典型的用法。

6.3　及物动词的低及物性用法

本研究随机在北大语料库中下载 100 例含有“打”的例句和 100 例含有“吃”的例句，然后排除一些不符合要求的例句，再根据上一节提出的句法语义标准，来分析这两个及物动词的非典型用法。本节先分析它们的低及物性用法。

---

① 王文丽(2017)原文用“形式标志”这个术语。

② 本研究排除“被”字句是基于以下考虑：1.“被”字句的主语不是致事；2.“被”字句的致事可以不出现；3. 不及物动词也可以构成“被”字句，如“被死亡”。

6.3.1 “打”的低及物用法[①]

排除了不符合要求的例句以后，只剩下有效例句 68 例，在这些有效例句中，有 49 例属于动补结构，如“打败”、“打好”和“打破”等。这些动补结构，按照句法标准，应该是典型的及物性用法，但是由于它们具有及物和不及物两种用法，如“中国队打败了日本队”和“日本队打败了”，所以我们只对余下的 19 例(68 减去 49)进行分析。这 19 例含有“打”的例句中，除了 5 例属于非及物用法外，其余 14 例全部属于低及物用法。低及物性参数，我们主要考虑了以下几个方面：一、模态化，如“抚夷派的人当然不愿意与美国、法国又打仗……”，因为模态化的句子主要表达说话人的看法，不是真正的事件句；二、虚拟化，在表示假设的句子中，事件也不是真正发生的，句子的及物性自然就低，如“倘若政府听他们的话，中国几无年无日不与外国打仗”；三、否定，否定的句子中动作并没有真实发生，见前面模态化所举的例子，里面既含有模态词“愿意”，也含有否定词“不”；四、体特征，动作未完结的句子，及物性自然偏低，如“他最初的一战是个败仗，他投水自尽，幸而被部下救起来。他练兵打仗，同时他自己去筹饷”，此句中的“练兵打仗”虽然没有体标记出现，但是这里主要是在叙述过去发生过的事情，并未强调动作的完结；五、宾语的特征，主要是指宾语的个体化特征，即宾语是有指的还是无指的，如果宾语是无指的，句子及物性就低，如上面讲体特征时举的例子“练兵打仗”，其中的“仗”就属于无指名词；六、主语的意志性，当主语是由有意志性的名词充当时，主语一般为施事，包括广义的施事，如国家、政府、部队等，如“首当其冲的左宗棠在新疆的部队，就太疲倦，不愿打仗”，主语是施事时句子及物性高，反之则及物性低，如“一般非重

---

① 排除如下一些情况的例句：1. 不成句的；2. 构词成分，如“打工子弟”；3. 名词用法，如“一顿痛打”；4. 定语用法，如“打包好的……”。

点学校大打疲劳战”。以上六个参项实际上可以归为上一节的语义标准，即主语是否具有意志性，有意志性及物性高，无意志性及物性低，上面的参项六就属于此标准；动作具有完结性，有完结性及物性高，无完结性及物性低，包括上面的参项一、参项二、参项三和参项四；宾语具有有指性，有指宾语是具体的受影响者（包括人或物），这时句子及物性高，无指宾语是一个类名，宾语没有具体所指，这时句子及物性低，上面参项五就属于此标准。通过统计，这 14 例“打”的低及物性用法，表现如下表所示：

表 1　“打”例低及物性表现统计

特征与参项		有无此特征	例数	占比
意志性		有	8	57.1%
		无	6	42.9%
动作完结性	模态化	有	3	21.4%
		无	11	78.6%
	虚拟化	有	3	21.4%
		无	11	78.6%
	否定	有	4	28.6%
		无	10	71.4%
	完成	有	6	42.9%
		无	8	57.1%
有指性		有	4	28.6%
		无	10	71.4%

从上表可以看出，低及物性“打”例或多或少带有低及物性特征，如果把意志性、完结性和有指性看作决定及物性高低的三个特征，那么上面这些“打”例的低及物性用法中，有的拥有其中一

个低及物性特征，有的拥有两个低及物性特征，有的甚至拥有三个低及物性特征，如下表所示：

表2 “打”例拥有低及物性特征统计

拥有低及物性特征数	例数	占比
1	2	14.3%
2	8	57.1%
3	4	28.6%

请看下例：

(5) 普通中小学在为学生的做人打基础的同时也在为他们接受专业(职业)教育打基础。

例(5)的主语“普通中小学”是机构名称，具有非意志性、“打”不是一个表示完结的动作，具有非完结性，宾语“基础”是一个抽象的名词，具有无指性。因此，例(5)就是一个拥有三个低及物性特征的“打”字用例，说明该句的及物性就非常低。分析完“打”字的低及物性用法以后，下面再看“吃”字的低及物性用法情况。

6.3.2 “吃”的低及物用法

像“打”一样，我们对100例随机下载的“吃”例进行分析，得到有效用例32条①，只有3例属于典型及物性用法，例如：

(6) 虫子被鸟儿吃了。

(7) 睡觉之前吃了一片安眠药。

(8) 他那县的人口，在大乱之后，只有九百余人，而在一年之内，老虎又吃了一大半。

其余29例中，属于“吃”的非及物性用法有7例，剩下的22例

① 排除的例子属于以下几种情况：1.不成句；2.动补结构，如“吃掉”“吃饱”等；3.构词成分，如“口吃”“吃惊”等；4.名词用法，如“解决了吃、穿、住……”；5.定语用法，如“吃东西的时候”；6.方言语料。

全部属于低及物用法。经过统计，它们的低及物用法表现如下：

表 3　“吃”例低及物性表现统计

特征与参项		有无此特征	例数	占比
意志性		有	13	59.1%
		无	9	40.9%
动作完结性	模态化	有	8	36.4%
		无	14	63.6%
	虚拟化	有	5	22.7%
		无	17	77.3%
	否定	有	1	4.5%
		无	21	95.5%
	完成	有	4	18.2%
		无	18	81.8%
有指性		有	6	27.3%
		无	16	72.7%

低及物性“吃”例跟低及物性“打”例一样，都或多或少带有低及物性特征，综合这些低及物性“吃”例所带意志性、完结性和有指性特征情况，同样，有的例句拥有一个低及物性特征，有的例句拥有两个低及物性特征，也有的例句拥有三个低及物性特征，详情如下表所示：

表 4　“吃”例拥有低及物性特征统计

拥有低及物性特征数	例数	占比
1	1	4.5%

（续　表）

拥有低及物性特征数	例数	占比
2	15	68.2%
3	6	27.3%

6.4　及物动词的非及物用法

6.4.1　“打”的非及物用法

关于“打”的非及物性用法，我们主要考虑以下三个因素：一、论元缺失，，“打”一般是带有两个论元，施事和受事，如果缺少其中一个，构成一个单论元句，我们把它看作是一个不及物动词用法；二、论元改变，也就是说“打”的宾语一般是受事，如果宾语不是典型的受事，如“打江山”，我们会把“打 X”看作一个构式，当作一个整体，因此整个“打 X”就相当于一个不及物动词；三、论元替换，主要指宾语的句法位置被可能补语和情态补语替换的情况①，如“打得满头大汗”和“吃得很开心”，这类句子主要是表示描写和评价，属于非事件句。只要符合以上三种情况，本研究都处理为非及物用法。通过考察发现，19 个有效用例中有 5 个“打”的非及物用法，其中论元缺失两例，宾语改变三例，由于用例少，全部列出如下：

(9) 陈宝琛在两江不但无补实际，连议论也不发了。打了不久就讲和，和议刚成又<u>打</u>，……

(10) 学生成绩好，皆大欢喜，学生成绩不好，拳<u>打</u>脚踢，……

(11) 更为严重的是，所学的知识实用化大<u>打</u>折扣，……

---

① “打”带结果补语和趋向补语，可以看作一个复合动词，有及物和不及物两种用法，如“他打破了一个花瓶”和“那个花瓶掉在地上打破了”；而带“数量补语”结构也有带不带宾语两种情况，如“他打了一下鼓”和“鼓打了两下就停了”。

(12) ……刺激与学生知识结构、心理需求不一致，教学效果和学习效果就会大打折扣。

(13) 认定了以后，又不能按期十足拨款，总要延期打折扣，……

尽管在我们随机下载的语料中没有论元替换的情况，但是这样的例子在北大语料库中并不少见，例如：

(14) 专业军士李福川一语道出："知识基础打得牢，就能很快掌握新装备。"

(15) 假货为何打不绝？

(16) 他对着我灌篮，球打得非常好，但我防守很好，跳投也已经很不错。

(17) 如果和他对阵，我打得太好，也许没人会选他的。

6.4.2 "吃"的非及物用法

"吃"的非及物用法，"论元缺失"、"论元改变"和"论元替换"这三种情况都有。其中论元缺失 3 例，如例(18)—(20)，论元改变的有 2 例，如例(21)—(22)，论元替换的有 2 例，如例(23)—(24)。

(18) 黑猩猩的智力更高，例如它喜欢吃白蚁，蚁洞小，爪子伸不进去，就知道找一根又长又细的树枝伸进洞去，等白蚁爬到树枝上以后再抽出来吃。

(19) 你看那船上的猪，照样吃喝，一点没受影响。

(20) 苹果吃了。

(21) 当时的封建贵族或资产者市民，都曾在他们相互斗争过程中，吃过君主及其官僚们的骑墙态度和出卖他们的苦头。

(22) 试看大户借差役吃小户与摊派的配合。

(23) 随着我国城镇化的速度不断加快，传统的低知识含量的一些职业吃不消了，譬如传统农业。

(24) 在这里，师傅夫人最喜爱的猫是资产阶级的猫，吃得比学徒们好，还叫春惹人讨厌，……

6.5 总结与启示

通过上文的讨论可知，如果排除典型的及物动词用于动结式和动趋式中的用法[①]，“打”和“吃”的有效例句一共有 51 例，其中典型及物性用法只有 3 例，低及物性用法 36 例，非及物性用法 12 例，具体情况如下表所示：

表 5 典型及物动词及物性表现统计表

	典型及物性用法	低及物性用法	非及物性用法
例数	3	36	12
占比	5.9%	70.6%	23.5%

通过上表可知，汉语典型及物动词在实际使用中，用于典型及物性小句的情况非常少；由于大多数用例带有一些低及物性特征，因此大多数例句属于及物动词的低及物性用法；还有一些用例，由于论元缺失、论元性质的改变以及带上可能补语或情态补语等原因，它们的性质发生了质变，完全成了及物动词的非及物性用法。

对于这些及物动词的非及物性用法，能不能看作不及物动词，当然有值得商榷的余地，但是从它们在句法表现上看，说这些及物动词在这些用法中实际上就是不及物动词，也未尝不可，例如：

① 动结式和动趋式具有作格动词的特征，即既可以有及物性用法，也可以有不及物性用法，如：“他打破了瓶子—瓶子打破了”“他拿过来一个苹果—苹果拿过来了”。关于有些动结式具有作格动词特征，请参考施春宏(2008)。

(25) 客人走了。

(26) 客人吃了。

(27) 客人打了。(在回答"客人打人了没有"时)

(28) 小李跑不了了。

(29) 小李吃不了了。

(30) 小李打不了了。(意为:小李由于生病,预防针打不了了或球赛打不了了)

(31) 他走得很快。

(32) 他吃得很快。

(33) 他打得很快。

从汉语及物动词和不及物动词的种种句法表现来看,我们还是比较赞同王文丽、陈昌来(2017)的观点,即汉语不及物动词包含及物动词。这一观点与沈家煊(2009)提出的汉语词类名动包含说有一些相似之处,就是把汉语及物动词都看作不及物动词,是可以带受事宾语的一类不及物动词。这一观点还蕴含着汉语及物动词可能是由不及物动词发展而来,但是要证明这个观点恐怕不是一件容易的事,需要另文专门讨论。

总之,汉语及物动词的非及物用法,对认识汉语动词及物性和小句及物性都具有积极的意义。印欧语及物动词一般必须带宾,在有格标记的语言中,宾语往往还带宾格标记,而汉语及物动词不仅可以有不带宾语的用法,而且还有带可能补语和情态补语的用法,这些用法都表明汉语及物动词还不是真正意义上的及物动词,及物动词还没有完全从不及物动词中分化出来,值得今后作深入的研究。

第七章　汉语不及物动词的句法表现①

7.1　引言

不及物动词带宾语现象一直以来是汉语学术界研究的一个热点问题。郭继懋(1999)认为“不及物动词的宾语从表义类型上看是十分丰富的，很难尽举；同时，其中一些宾语很难从语义上准确归类，如：走胯/走八卦掌/活个自在/混日子/闹情绪/拼时间/闯红灯，等等”。除了以上难以归类的宾语，郭文还认为下面七种情况也属于不及物动词带宾语现象：一、与“相互动词”相关的情况：我和他紧挨着——我挨着他；二、与领有者和身体一部分相关的情况：他的眼睛睁了一下——他睁了一下眼睛；三、与使动意义相关的情况：篝火慢慢地灭了——他灭了两堆篝火；四、与义项变化相对应的情况：义项 1——露出愉快的表情：他笑了，义项 2——讥笑：你也笑过穷人；五、宾语是施事的情况：省监狱跑了两个犯人；六、带准宾语的情况：笑了一下，跑了五分钟；七、语义已经相当于一个词的真正的习用组合：泡蘑菇/哭鼻子。郭文还认为不及物动词带宾语表示的事理意义可以概括成如下格式：动词

---

① 本章已在《贵州工程应用技术学院学报》2022 年第 6 期上发表。

＋(谓＋名)。其中“动”是不及物动词,“名”是宾语,“谓”是个在句法平面上没有得到表现的语义成分,它的作用是说明“动”和“名”之间的事理关系,是根据“动”“名”和语境提示确定下来的,例如:

飞上海	飞＋(往	＋上海)
走八卦掌	走＋(练	＋八卦掌)
跑第一棒	跑＋(拿着	＋第一棒)
飞 747 客机	飞＋(驾驶	＋747 客机)
跳干脆劲儿	跳＋(追求	＋干脆劲儿)
忙搬家	忙＋(因为	＋搬家)
睡仰脚儿	睡＋(用……姿势	＋仰脚儿)
闯红灯	闯＋(在……亮着的时候	＋红灯)

张云秋、周建设(2004)和刘晓林(2004)都将不及物动词带宾语这一结构产生的主要原因归结为语法结构追求“经济”的结果。刘正光、刘润清(2003)认为不及物动词带宾语是非范畴化弱化了及物与不及物之间的区别。王珍(2006)运用概念整合理论考察了不及物动词带宾语结构存在的认知理据,认为“他死了父亲”是由“他失去了父亲”和“父亲死了”两个句子整合而成的,而“台上坐着主席团”则是由“台上有主席团”和“主席团坐着”两个句子整合而成的。周国辉(2007)认为不及物动词带宾语的过程实际上也是一种“语法化”和“重新分析”的过程,且“及物与不及物”是一个相对性的概念,所以不及物动词可以用于及物性结构是语言的自然现象,在语言运用中是不可缺少的。

总之,大多数学者都承认汉语的不及物动词可以带非受事宾语,还试图对该语言现象作出合理的解释,但是不及物动词与其所带的宾语类型之间到底有没有什么规律可循,不同类型的不及物动词带宾语现象的生成机制是否相同等,至今鲜有人进行讨论。这正是本研究想解决的问题。

7.2 不及物动词所带宾语的类型及认知解释

7.2.1 不及物动词所带宾语的类型

我们以《汉语动词用法词典》(下文简称《词典》)中给出的宾语类型为依据,对 144 个非典型及物动词[①]可以带的非受事宾语进行了统计,结果如下[②]:

宾语类型	不及物动词数量	比率	不及物动词举例	"动宾"结构举例
施事宾语	104	73.8%	开始、裂、哑	哑了嗓子
处所宾语	54	38.3%	流、睡、坐 1	睡沙发
致使宾语	10	7%	愁、流露	愁人
结果宾语	10	7%	裂、破 1	破了一个洞
受事宾语	9	6.4%	刮、掉 1	掉眼泪
原因宾语	8	5.7%	哭、逃 1	哭奶奶
同源宾语	7	5%	吵、睡	吵(架)
方式宾语	5	3.5%	跑 1、跳 1	跳探戈
时间宾语	4	2.8%	混、起 1	混日子
杂类宾语	4	2.8%	蹦、少 1	蹦高儿
目的宾语	3	2.1%	奔 2	奔材料
工具宾语	2	1.4%	吵、跳 1	跳绳

---

① 王文丽(2017)把不及物动词分为典型不及物动词和非典型不及物动词两类,典型不及物动词指的是除了可以带动量短语和时量短语外,其后不能带其他任何性质的句法成分的不及物动词,非典型的不及物动词指的是除了可以带动量短语和时量短语外,还可以带施事、处所、工具、方式等非受事宾语的不及物动词。

② 同一个不及物动词可能带几种不同的非受事宾语,我们会重复统计。

（续　表）

宾语类型	不及物动词数量	比率	不及物动词举例	“动宾”结构举例
对象宾语	2	1.4%	奔1	奔姑妈（奔：投奔）
等同宾语	1	0.7%	跑1	跑第一棒

从上表可以看出，141个可以带非受事宾语的不及物动词对非受事宾语的选择上有明显的差异，绝大多数不及物动词偏爱选择施事宾语，约占可以带非受事宾语的不及物动词总数（141个）的73.8%，其次为处所宾语，再其次为致使宾语、结果宾语和受事宾语[①]等，选择其余各类宾语的不及物动词数量偏少，几乎可以忽略不计。

关于不及物动词为何可以带非受事宾语，不同的学者已经从不同的角度作过相应的解释（见本文引言部分），但是我们认为主要原因还是认知上的关联性，详见下文讨论。

7.2.2　不及物动词带宾语现象的认知解释

Bybee（1985：13－16）在讨论决定屈折范畴表达的因素（determinants of inflectional expression）时，提到了一个“相关性原则”，文中指出“如果一个意义要素的语义内容影响或修饰另一个意义要素的语义内容，我们就说前一个意义要素与后一个意义要素有关联性（Relevance）”。假如两个意义要素高度相关，那么我们可以预测它们可能会有一个词汇或屈折表达（lexical or inflectional expression）；如果两个意义要素不相关，那么它们的组合将被严格限定于句法表达（syntactic expression）。例如英语的词汇项“走”（walk），意思为“以一步一步的方式用脚走”（to go on foot by taking steps），如果加入一个意义“穿过水中”（through

① 原则上说，不及物动词是不能带受事宾语的，我们认为这里的“受事宾语”实际上是“施事宾语”，我们这里用“受事宾语”的原因是依据《汉语动词用法词典》中的标注。

water)，我们可以把两个意义合并起来表达，从而产生一个动词“涉水”(wade)。这两个语义概念(指“走”和“从水中”)可以用一个词汇项来表达，是因为不管一个人把脚置于“干地上”还是“水中”，它都与行走这个行为相关。相反，“天晴或天阴”通常与行走这个行为无关，相关原则可以预测一个语言要表达“在晴天中行走”和“在阴天中行走”，将不会有两个专门的词汇项来表达它们。所以“晴天”与“走”或者“阴天”与“走”要结合起来表达，非常可能的表达方式就是句法表达。

Bybee 指出，“相关”依赖于认知和文化凸显：不管在何种程度上把一个实体、事件或性质分解为若干语义特征，假如我们可以感知到它们与周围的实体、事件或性质相分离，它们就可以用一个词汇项来表达。如果两个意义要素结合的结果是给有文化或认知凸显的东西来命名，那么这两个意义要素就是高度相关的。假如认知塑造语言和文化，或者文化和语言变异型式化于或受制于认知，我们就可以预测词汇化的型式在跨语言方面是不同的。这一点已经得到 Talmy(1985)关于“移动动词”研究的证明。关于移动动词，Talmy(1985)的研究表明，英语移动动词(包括汉语移动动词和 Caddo 语的移动动词)经常把移动“方式”编码到动词的意义当中，而罗曼语则倾向于把“路径”编码到动词的意义当中。

下面我们将从认知关联性角度对不及物动词带施事宾语、处所宾语作出合理的解释，并且指出不及物动词不可能带致使宾语、结果宾语和受事宾语。

7.2.2.1　不及物动词与施事宾语

一个不及物动词，往往只与一个施事相联系[①]，构成“NP＋

---

① 严格意义上说，不应该叫施事，因为不及物动词的主语未必都是由有生命性的或有意志性的名词充当，如“嗓子哑了”中的“嗓子”是人体的一部分，很难说它能发出某一动作，更不用说“天阴了”和“叶子掉了”中的“天”和“叶子”了。为了研究的传承性，我们文中还是叫作施事，实际上叫作主事更好。

VP”结构，而这个 NP 本来在不及物动词前，为什么会跑到不及物动词的后面的。这必须从不及物动词的事件结构说起，以“王冕死了父亲”为例，生成语法认为是“死了王冕的父亲”中“王冕”向前移位而形成的。我们认为这种解释有违人们的心理现实性，这种解释认为“死了王冕的父亲”是基础句式，而“王冕死了父亲”是派生句式，而这里的所谓的基础句式在人们的心中不具有心理现实性，是不成立的，当然也是不存在的。我们认为，“父亲死了”是一个事件，它很容易激活“父亲”的领有者（这里是“王冕”），二者之间关联度高，这时“父亲死了”与“王冕”建立了联系，当“王冕”充当话题时，可以构成“王冕父亲死了”，这句话中“王冕”是大主语，“父亲”是小主语，不宜理解为“王冕的父亲死了”，因为这种理解，实际上谈论的话题仍然是“父亲”而不是“王冕”。当“王冕”成为“父亲死了”的话题时，“父亲”向后移动，沈家煊（2006）和王珍（2006）都认为是概念整合的结果。我们基本上赞同以上两位先生的解释，需要指出的，概念整合的本质是来自句式的类推效应。“不及物动词＋施事宾语”结构已经明显有了自己的构式义，即“某时/某地/某人身上经历了某件事情的发生”，吴怀成、王文丽（2018）把这类句子称作事件经历句。例如：

（1）1911 年秋，中国内地爆发了辛亥革命，推翻了统治中国近 270 年的清王朝，建立了中华民国。

（2）在柯瓦雷的示范下，五六十年代出现了一大批科学思想史的优秀作品。

（3）我一病倒，凤霞可就苦了，床上躺着两个人，她又服侍我们又要下地挣工分。

（4）动物园里跑了两只狗熊。

（5）昨天晚上，我们那个监房就死了一个小伙子。

（6）阿敏也陪着流了几滴眼泪，劝说道：“这已是往事，不必再提了，免得难过。……”

(7) 老人这时在冒汗,但不光是因为晒了太阳,还有别的原因。

(8) 这天刘跃进寻了一天贼,仍没寻着;本想夜里接着寻,但上午淋了一场雨,身上有些发烧,便提前收工,回到工地食堂。

上面的例(1)—(4)都是"不及物动词+施事宾语"构成的小句,在汉语学界基本上都认为它们属于存现句。但是很少会有人认为例(5)—(8)也是存现句。尤其当主语是人的时候,这类句子明显表示的是某人遭受了某一种经历或某人经历了某事,如例(7)会认为是"老人遭受了太阳的(暴)晒",例(8)会认为"刘跃进遭受了雨淋"。

上文已经指出,"王冕死了父亲"这类句子的产生,关键还是句式的类推效应在起作用。"王冕死了父亲"中,"王冕"不可能是施事,他只是一个经历了某件事情的人。同理,例(6)"阿敏也陪着流了几滴眼泪"中"阿敏"尽管也可以故意(具有"意志性")掉几滴眼泪,但是这里主要描述她看到悲伤的事情发生而情不自禁地流了几滴眼泪,重在说明其遭遇。某人遭遇了某件事情,也就是某人有某件事情的经历,从存现句"某时/某地有某物"类推出"某人有某种经历"是非常自然的事情。王勇、周迎芳(2014)把"王冕死了父亲"归入事件存在句,我们觉得很有道理,但是他们没有讨论本研究所谓的遭受义"不及物动词+施事"句[如例(7)和例(8)],我们认为如果把遭受义"不及物动词+施事"句也归入进来,叫作事件存在句就不太合适,我们认为叫作"事件经历"句较合适,因为"存在"是相对于空间处所来说的,而"经历"可以相对于某人来说。因此,把主语是时间、处所的"不及物动词+施事"句叫作事件存在句,把主语是人的"不及物动词+施事"句叫作事件经历句,二者都是由汉语存现句(事物存现句)这一句式类推而来。

总之,认知关联性是这类不及物动词的主语可以是人的动因，某人与其人生经历有着天然的联系，而这类不及物动词带施事宾语则是句式的类推效应使然，“某地有某物”与“某地发生了某事”“某人经历了某事”具有同构性，可以把“人”看作抽象的“空间”。可以图示如下：

存现句：某地某时有某物（他家有很多钱）

⬇

事件存在句：某地发生了某事（他家死了两头猪）

⬇

事件经历句：某人经历了某事（他七岁时死了父亲）

7.2.2.2 不及物动词与处所宾语

通过我们的考察，能带处所宾语的不及物动词都与处所有着密切的关系，这与 Bybee 所谓的关联性一致。当动作与处所相关，要表达这两个意义要素，虽然汉语没有发生词汇化，但是仍然有它自己的语义规约性，以“坐 1”为例，“坐”的动作很自然与坐具发生联系，密切相关，因为二者关系密切，把二者在线性序列上直接结合，这也是很自然的事儿，可以从语言相似性中的距离相似动因得到解释，“坐沙发”中，“坐”与“沙发”的关系比“在沙发上坐”或“坐在沙发上”中的“坐”与“沙发”之间的关系更近。不仅线性距离近，而且表义也有差异，“在沙发上坐”表达的是“处所关系＋动作关系”（某人在沙发上，某人坐着），“坐在沙发上”则表达的是“动作关系＋路径关系”（某人坐的动作指向沙发），而“坐沙发”则倾向于表示“动作关系＋坐具/方式”，即“坐沙发、坐椅子、坐凳子、坐床上、坐地上”分别表示以不同的方式“坐”。同理，“流河里”中“流”与“河里”之间的关系也比“在河里流”或“流到河里”中“流”与“河里”关系更近，而且表义也有差异，“在河里流”表示的是“处所关系＋动作关系”，“流到河里”也是表示“动作关系＋路径关系”，而“流河里”则表示“动作关系＋处所/目标”关系，即“流地上、流手上、流河里、流沟里”指液体通过“流”的动作到达了某一个“目的地”。

总之，不管不及物动词后面跟什么性质的非受事宾语，这种非受事宾语都与该动作具有密切的关联性，在认知和文化上具有一定的凸显度。

7.2.2.3　不及物动词与致使宾语、受事宾语和结果宾语

这三种性质的宾语，从原则上说，不及物动词是无法与之结合的，张云秋(2003)把动事宾语(相当于这里的受事宾语)、结果宾语和致使宾语看作是典型的受事宾语，按理来说不及物动词是不能带这类宾语的，为何上文表中会出现这类宾语呢？这明显与我们对不及物动词的定义相矛盾。因此我们有必要对其进行重新审视。先看几个例句：

(9) 这孩子可真愁人。

(10) 他流露了自满的情绪。

(11) 他掉了一支钢笔。

(12) 日本损失了三架飞机。

(13) 裤腿开了个口子。

(14) 门上裂了一道缝儿。

上面的例子全部引自《词典》，其中例(9)和例(10)中的“人”和“情绪”标注为致使宾语，例(11)和例(12)中的“钢笔”和“飞机”标注为受事宾语，例(13)和例(14)中的“口子”和“缝儿”标注为结果宾语。因为“愁”和“流露”都有不及物用法，因此一旦它们带上致使宾语，就可以把它们处理为作格动词[①]，虽然例(9)和(10)中的“这孩子”和“他”是有生命的人，但是在这两个句子中把它们处理为“致因”[②]比施事要好，一是因为“愁”和“流露”本身动作性就弱，二是因为“愁”和“流露”未必是他们主动发出的动作。这里为

---

① 这里的作格动词指的是曾立英(2009)、宋亚云(2014)和郭印(2015)所谓的具有致使交替的动词，如“灭火”和“火灭了”中的“灭”。

② 王文丽(2017)认为致事(causer)包括施事和致因，它们都是事件的引发者(instigator)，区别是施事有意志性(volitionality)，而致因无意志性。

何把它们处理为不及物动词，一是因为我们优先考虑了它们能够进入"NP＋VP"结构(他愁了半天，但是问题还是没有解决/他的真情终于流露了)；二是语言本身的复杂性所致，有的动词在归类时确实让人难以准确断定，出现一定的误判在所难免[①]。《词典》认为例(11)和例(12)中的"钢笔"和"飞机"是受事宾语，实际上也体现出《词典》在确定宾语类型时也有难以判断的情形，或者说在归类时也有一定的随意性。我们完全可以把这里的"钢笔"和"飞机"处理为施事宾语，因为这里的主语"他"和"日本"很难处理为施事，而且整个句子表达的是"某人经历了某种事情"，正是上文7.2.2.1节所谓的事件经历句。但是当一个"不及物动词＋施事宾语"结构做谓语时，其前面的主语如果是一个有生命性和意志性的致因时，我们就可以分析为施事，这时我们可以把不及物动词后面的施事宾语重新分析为受事宾语，这体现出不及物动词有时可以向及物动词转化。例如"他丢了那支钢笔"可以看作是一个歧义句，既可以看作是一个施事宾语句(事件经历句)，表示"他经历了钢笔丢了这样的事情"，也可以看作是一个受事宾语句，表示"他主动或有意把那支笔扔掉了"。因此《词典》中把这两个意义列为两个义项，分别为"丢 1"和"丢 2"，"丢 1"意为"遗失"，"丢 2"意为"扔"。《词典》认为例(13)和例(14)中的"口子"和"缝儿"是结果宾语，我们认为这两句仍然属于上文所谓的事件存在句或事件经历句，与"衣服烂了一个洞""他头上长了一个脓包""衣服破了一个窟窿"等句子一样，它们都属于吴怀成、王文丽(2018)所谓的作格性双论元句。吴怀成、王文丽(2018)根据主语对事件的发生是否具有控制力或是否负有责任，把汉语单双论元句都分为及物性和作格性两类。显然，例(13)和(14)的主语"裤腿"和"门

① 实际上，"愁"还可以带原因宾语，如"愁经费问题"，意为"因经费问题而发愁"，这里的"愁"可能已经由不及物动词转化为了及物动词。

上"对事件的发生无控制力也不负有任何责任。我们认为《词典》把它们处理为结果宾语主要是因为这类不及物动词与宾语结合后，浮现出一个"产生、造成"义，如"开了一个口子"是"开并造成出现一个口子"的意思，"裂了一道缝儿"是"裂并产生一道缝儿"的意思，但是这里的"产生、造成"义也可以看作是整个句式带来的[①]，从主语与动词的关系来看，处理为事件存在句或事件经历句也未尝不可。如果把它们看作是事件存在句或事件经历句，那么所谓的结果宾语也可以处理为施事宾语。

总之，严格意义上讲，不及物动词是不可能带致使宾语、受事宾语和结果宾语的，通过以上分析，可以把上面三种情况分别处理为作格动词（及物不及物两用动词）带致使宾语、施事宾语和施事宾语。也就是说，它们都不是真正意义上的不及物动词带致使宾语、受事宾语和结果宾语的例子，或者说，不及物动词带典型的受事宾语的情况是不存在的。

7.3 "不及物动词＋宾语"的产生机制

从上一节的讨论可以看出，汉语的不及物动词带宾语现象总的来说可以分为两大类：一类是句式类推的产物，一类是概念整合的产物。句式类推的产物主要指不及物动词带施事宾语，概念整合的产物主要指不及物动词带施事宾语以外的宾语，如处所宾语、工具宾语和方式宾语等。

7.3.1 构式的内部承继：构式类推和扩张

类推通常被定义为"结构相似性"（Itkonen2005：1）。类推能

① 对于英语"bake sb. a cake"中"bake"到底是二价动词还是三价动词，曾经有人认为它既是二价动词也是三价动词，也有人认为是二价动词，它可以带双宾语则是整个双宾结构造成的（Goldberg1995）。这里的"开"和"裂"都有"分开"的意思，它与浮现意义"产生、造成"合并而产生出的"开出"和"裂出"义也可以看作是句式使然。

力代表着人类认知的核心(Blevins&Blevins2009)。常见的比例类推就是一个典型的例子。例如:

(15) # # * ： * # # == AAB ： BAA

■■□ ： □■■ == ▲▲△： △▲▲

上例中的比例式左右两边的符号尽管不同,但是它们之间在结构方式上具有一致性,即它们在结构上具有相似性,因此由左边的结构模式类推出右边的结构模式是不困难的。所以我们认为事物存现句(动物园有很多动物)、事件存在句(动物园死了一只老虎)和事件经历句(王冕死了父亲)在结构上具有相似性,是句式类推导致了事件经历句的产生。

实际上,刘晓林(2006)也认为"王冕死了父亲"是语言类推机制作用下形成的"广义的存现句"。但是她没有详细讨论语言类推机制是如何运作的。本质上讲,语言类推机制实际上是语言显赫范畴的扩张。结构相似性实际上只是内在同构性的外显形式罢了。刘丹青(2012)指出,成为显赫范畴的基本条件就是表达它的形式手段语法化程度高或句法功能强大,具体表现在强能产性(类推性)、使用强制性和较多样的句法分布,适用面广的特定句法位置和使用频率高的专用构式作为形式手段也是造成显赫范畴的有利条件。我们认为汉语的存现句是一个显赫语法范畴,其中的存在句是其核心范畴,事件存在句是其扩展范畴,而事件经历句则是其边缘范畴。把汉语存现句看作显赫范畴,不仅可以解释汉语的不及物动词带施事宾语现象,还可以对动态存在句、隐现句、领主属宾句、假存在句等作出统一的解释。王勇、周迎芳(2014)把动态存在句(台上唱着戏)、隐现句(路边又翻了一辆车)、领主属宾句(王冕死了父亲)等统称为事件类存在句,并认为事件类存在句与事物类存在句之间存在一种事物性向事件性过渡渐变的连续统。我们认为他们的这一观点是非常有见地的,看到了事物存在句和事件存在句以及事件经历句之间的关系,遗憾的是他们没有指出事件类存在句是事物类存在句类推扩展的产物。显赫范畴的扩张本质上就是构式的扩展承继。吴为善(2016:190)指出，构式的“构件”具有可变性，这种可变性导致一个特定构式内部产生了基于“家族相似性”的系列构式成员，只不过此类变异还属于“内部承继”。我们认为汉语的存在句是一个原型构式，它是汉语存现句的核心成员，直接表现为事物存现句。由于存现句的构式框架“A(时间或处所)＋B(动词)＋C(名词)”中的构件 A、B、C 发生了不同程度的变化，从而产生了事件存在句和事件经历句等，但是其核心语义“存在”没有改变，因此，由其扩展出的事件存现句和事件经历句与事物存现句之间形成了构式群，前者是内部承继后者而形成的。当然这种构式的扩展承继的机制与人的类推能力是分不开的。

7.3.2　构式的外部承继：构式创新和变异

如果说不及物动词带施事宾语属于存现句的内部承继而形成的句式，那么不及物动词带处所宾语、方式宾语或原因宾语等则属于“动宾”构式的“外部承继”而形成的新构式。吴为善(2016:190)认为，“构件”的变化在积累了一定的量变之后，就会产生质变，导致构式变异，属于“外部承继”。吴为善(2016:203)指出，“一 M 比一 M＋VP”构式体现的是递进性差比义，当语境中的“量级序列”信息特征消失，构式就边缘化，变异为遍指性非差比义了。例如：

(16) 翻山越岭不说，还有爬有名的七十二道拐，山坡一座比一座陡峭，道路一座比一座崎岖，等他爬坡爬累了，走不动的时候，我们就请他坐上滑竿。

(17) 摩登的小姐太太们一个比一个妖艳，一个比一个俏丽。

上面例(16)中的画线部分表示递进性差比义，而例(17)中的划线部分则表示遍指性非差比义，实际上表示“个个都妖艳，个个都俏丽”的意思。这种构式变异的产生，主要是“量级序列”缺失导致的，实际上已经由“实比”演化为“虚比”。

受上例研究启发，我们认为汉语的“动宾”构式也是一个显赫语法范畴，由于其中的构件（动和名）发生了变化，进而扩展出其他构式，其扩张路径可图示如下：

	原型范畴	扩展范畴	边缘范畴
构件差异	及物＋受事	及物＋非受事	不及物＋非受事
语义差异	[＋及物性、＋影响性]	[－及物性、－影响性]	[－及物性、－影响性]

因此，“吃饭”是一个典型的“动宾”构式，“吃食堂”则由于构件“食堂”不是受事，所以“吃食堂”是一个非及物性的“动宾”构式，而“睡食堂”则由于构件动和名都发生了变化，因此同样属于非及物性的“动宾”构式。所以，我们认为“及物动词＋非受事宾语”构式和“不及物动词＋非受事宾语”构式是通过外部承继而形成的变异构式。它们与“及物动词＋受事宾语”构式具有承继关系。那么，典型的“动宾”构式为什么要变异呢，其变异的动因和机制到底是什么呢？张云秋、周建设(2004)认为“及物动词＋非受事宾语”产生的原因是语言的经济性，刘晓林(2004)认为“不及物动词＋非受事宾语”产生的原因也是语言的经济性。我们认为，语言的经济性并不是“动宾”构式发生变异的动因和机制，这种语言经济性是从构式产生的结果观察而得出的结论，因为几个构式变体共用一种形式，当然就显示出经济性。实际上，“动宾”构式之所以会发生变异，其真正动因是语用表达的需要。这类构式的产生往往都有凸显特殊表达的语用效果，如“吃食堂”指“不回家做饭，专门靠食堂生活”的含义，而“睡食堂”则可能指“不回家睡觉，以食堂为家”。所以说，语用表达需求才是“动宾”构式发生变异的真正动因，其产生机制则仍然属于构式类推。当然，在构式类推中产生了概念整合效应。吴为善(2016：24)指出，概念整合理论认为，语言成分的整合效应依赖于两个因素：一个是整合的“框架”，另一个是输入的“元素”，在“框架”的作用下“元素”

产生整合效应，浮现新的意义。而且他还认为，构式语法理论和概念整合理论具有同一性，概念整合理论侧重“过程”，而构式语法理论则侧重“结果”。汉语“动宾”构式发生变异，主要是由于其框架中的输入元素（也叫“构件”）发生了变化，从而产生了一些新的构式变体。实际上，利用原有的构式框架“动宾”构式，产生新构式，属于“旧瓶装新酒”，也是人类的基本的类推能力。最后，需要指出的是，这种类推仍然要有一个语义基础，即参与类推的两个构件之间必须有语义关联性，我们不会把“吃”和“石头”加以整合，也不会把“睡”和“火山”加以整合，因此，变异仍然是特定范围内的变异，仍然有规律可循。

7.4 结语

通过本章的讨论可知，汉语不及物动词主要带施事宾语和处所宾语，其次是原因宾语和方式宾语等。不及物动词所带的宾语，总的来说可以分为两类：施事宾语和非施事宾语。非施事宾语主要包括处所宾语、方式宾语和原因宾语等。所谓的汉语不及物动词带致使宾语、结果宾语和受事宾语现象是不存在的，这违背了不及物动词的动词属性。汉语不及物动词带施事宾语是汉语存现句的构式扩张而形成的，属于构式的内部承继，汉语不及物动词带非施事宾语则是汉语“动宾”构式的构式变异而形成的，属于构式的外部承继。不管是构式的内部承继还是外部承继，都是认知类推的结果。

第八章　从“把”“被”同现句看“把”的性质

8.1　引言

汉语中有一种把被同现句，受到汉语学界的广泛关注。例如：

(1) (胡统领)生怕路上听来的信息不准确，到了严州，被土匪把他宰了。(丁声树等 1961/2004:99)

(2) 这调皮鬼被我把他赶走了。(吕叔湘 1980/2007:68)

(3) (他)因为杀人，同时也就被人把眼睛挖瞎。(邵敬敏 1983)

(4) 也许棺材出不了城，也许埋了又被贼盗把她挖出来。(邵敬敏 1983)

(5) 可是他刚刚张嘴，就被“罗锅”队长把话打断了。(李珊 1994:229)

(6) 我是被一起子听戏的爷们把我气着了！(刘继超 1997)

笔者对相关研究文献调查发现，以往研究主要集中于以下几个方面：一、“把”和“被”的位置问题，即“被”在“把”前的句子居多，“把”在“被”前的句子较少，甚至有的还认为这样的句子不太能说；二、考察句首名词与“把”的宾语之间的关系，一般认为句首名词与“把”字宾语有三种关系：同指关系，如上面例(2)中的“调皮鬼”与“他”是同指关系，领属关系，如上面例(3)中“他”与“眼睛”具有领属关系，同一关系，如上面例(6)中的两个“我”就是同一关系，实际上同一关系属于特殊的同指关系；三、考察把被同现句与“把”字句、“被”字句之间的异同或变换关系等。

我们认为，还有一些问题值得进一步讨论：一是这种把被同现句的产生机制问题；二是这种句式与历史上的把被同现句的关系问题；三是如何看待这种句式中介词“把”的性质问题。下文我们将逐一讨论这些问题。

8.2 把被同现句的产生机制

刘继超(1997)认为把被同现句在宋代就产生了，给出的例子如下：

(7) 被利欲将这个心包了。(《朱子语类》)

(8) 被主帅将小人打了三十背花。(《五代史平话·周史》)

上面两例的把被同现句有一个共同的特点就是“被”字前没有名词性成分，因此与现代汉语的把被同现句并不属于同类，我们将在下文讨论。曹思海(2009)在讨论把被同现句的成因时，认为有两点原因促进把字句和被字句的结合：1. 近代处置式要求同时把行为的结果说出来，近代被动式也要求同时把行为结果说出来；2. 被动式的作用基本上是表示不幸或者不愉快的事情，而处置式的发展过程中也出现了这种不幸语义。我们认为这两点都没有真正说到点子上，尽管现代汉语把字句和被字句基本上都要求带复杂谓语，但是近代汉语处置式和被动式未必有这种要求。例如：

(9) 他母亲被鲁斋郎夺了。(何乐士 1994)

(10) 鲁斋郎被包待制斩了。(同上)

(11) 仰山便把茶树摇。(《祖堂集》)

(12) 不把庭前竹马骑。(《敦煌变文集》)

至于处置式的发展过程中是否也发展出了“不幸”语义，至少学术界还没有这种一致的看法。我们认为把被同现句的产生必然有其产生的句法语义条件。从句法条件来讲，近代汉语的把字句发展已经日趋成熟，已经出现“NP1＋把 NP2＋VP”句式，例如①：

(13) 已用当时法，谁将此义陈?(杜甫《寄李十二白》)

(14) 他说到那险处时，又却不说破，却又将那虚处说起来。(《朱子语类》)

(15) 谁想走到人市处，把梅香迷了。(《元曲选》)

同时，近代汉语还出现一种带宾语的被字句，例如②：

(16) 莫看江总老，犹被赏时鱼。(杜甫《复愁十二首之十二》)

(17) 老鼠被药杀了好几个。(《元人杂剧选·窦娥冤》)

(18) 二人闻言，忻忻下船，进步至岸头，被殷交捉住了二人。(《武王伐纣平话》)

这种带宾语的被字句一直到现代汉语中仍然保留着(吕叔湘1965)，它为把被同现句的产生创造了句法条件，如上面的例(18)中“被殷交捉住了二人”，如果把“二人”提前，就可以构成把被同现句，如“被殷交把二人捉住”。也就是说带宾语的被动句为把被同现句的产生创造了潜在的句法条件，而把字句的发展为把被同现句的产生创造了现实性条件。

现代汉语把被同现句本质上讲属于被动句，也就是说它是一种特殊的被动句，即谓语是把字结构的被动句。如果说被字句的一般结构是 NP1＋被 NP2＋VP，而把字句的一般结构是

---

① 例(13)—(15)转引自吴福祥(2003)。

② 例(16)—(18)转引自唐钰明(1988)。

NP1＋把 NP2＋VP，那么两种句式的截搭整合（参见沈家煊 2006a），就会产生现代汉语的把被同现句。这种整合过程可以演示如下：

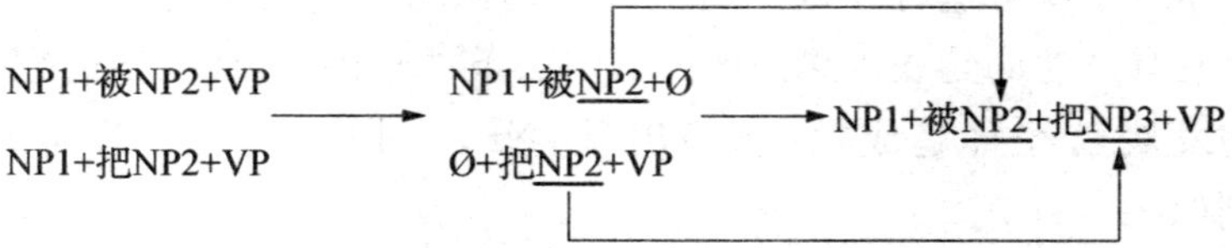

把被同现句的截搭整合过程

下面我们通过上面这种截搭整合，就可以把吕叔湘（1965）所举的部分带宾语的被字句转换为把被同现句，例如：

（19）尤老二被酒劲催开了胆量。⟶尤老二被酒劲把胆量催开了。

（20）有一天，他果然被人剪去了辫子。⟶有一天，他果然被人把辫子剪去了。

（21）［小飞蛾］又被张木匠抓住她的头发。⟶［小飞蛾］又被张木匠把（她的）头发抓住。

也就是说，近代汉语的把字句和被字句的发展已经为把被同现句的产生创造了句法条件，只要表达上有这种需求，两种句式便可以通过截搭整合，自然而然形成把被同现句。

8.3 两种不同性质的把被同现句

很多研究者认为把被同现句产生于宋元时期（何乐士 1994：157、李珊 1994：226、唐钰明 1988），但是很多学者并没有关注宋元时期产生的所谓把被同现句与现代汉语中的把被同现句之间存在一些根本的差异，这个差异就是：宋元时期有些把被同现句的“被”字前面没有名词性成分，而现代汉语把被同现句的“被”字前面通常有名词性成分。例如①：

（22）被郭威将阿里罕杀了。（《五代史平话·周史》）

（23）对景还消瘦，被个人把人调戏。（黄庭坚《山谷词》）

（24）被这些穷家活把他没乱煞。（《元曲选》）

（25）被藕丝嫩把柔肠厮系定。（国学基本丛书《朝野新声太平乐府》）

（26）被这几文钱把这个小人儿瞒过。（国学基本丛书《阳春白雪》）

这是两种不同性质的把被同现句，绝不可以混同。我们认为，上面例(22)—(26)中，“被”引出致事，“把”引出役事，整个句子属于典型的致使句式。这类句子的产生既有本民族语言自然发展的内因，也有同外民族语言接触发展的外因。

汉语把字句的来源是有争议的（吴福祥 2003），本章不作讨论，但是把字句是在唐代以后逐渐发展成熟的应该不成问题（王力 2014/2017：310 冯春田 2000：580），这为宋元时期的把被同现句的产生奠定了基础。“把”字的主要功能就是标记役事，例如：

（27）莫把杭州刺史欺。（白居易《戏醉客》）

（28）后人把文王说得忒恁地。（《朱子语类》）

（29）把头发披开砧子上。（《刘知远诸宫调》）

汉语被字句的产生同样也存在争议（冯春田 2000：584），本章也不作讨论，但是汉语被字句在唐代以后逐渐发展成熟的也应该不成问题。王力（1980/2003：426－427）认为被字句在唐代以后，虽然“被”字后仍然可以不用关系语②，但是带关系语（施事者）的被动式越来越多，并且进一步认为，被字句带关系语的阶段非常

① 例(22)引自李珊(1994：225)，例(23)—(26)引自吕叔湘(1984/2002：447)。

② 关系语就是介词“被”后的名词性成分，笔者注。

重要，它为现代汉语被动式奠定了基础，因为现代汉语被动式绝大多数是带关系语的。冯春田（2000：587）也认为，晚唐五代以后，被字句得到迅速发展，成为汉语中普遍可见的句式。被字句的发展同样为宋元时期把被同现句的产生奠定了基础。“被”字的主要功能是标记致事（包括施事和致因），例如：

(30) 彦冲被此辈教坏了。（《大慧普觉禅师书》）

(31) 又被清风引出来。（《张协状元》）

(32) 我被郑王招募，被吴军来伐。（《伍子胥变文》）

既然“把”字标记役事，“被”字标记致事，而上面例(22)—(26)这种特殊的把被同现句中，“把”字正好标记役事，“被”字正好标记致事，与唐代以来把字句和被字句中的“把”“被”功能一致，正好说明汉语语法系统的自身发展为这种特殊的把被同现句的产生创造了条件。

但是我们认为这种特殊的把被同现句的产生应该也有一定外部因素的影响。蒋绍愚（2018）认为，南北朝时期非汉族在北方建立政权，辽金时期宋和契丹族、女真族的交往，元代蒙古族统治中国，清代满族统治中国，这些民族语言都是阿尔泰语系，都给汉语带来影响。也就是说，北方少数民族语言大都是有格（case）系统的，主语宾语都是有格标记的。汉语在与这些少数民族语言的接触过程中，极有可能模仿这些少数民族语言，使汉语主语和宾语带上一定的标记，而“把”和“被”就成了天然的备选项。当然这种外部因素的影响还不属于语言接触引起的词语借用（borrowing）问题，而是语言接触引起的语法范畴的演变，由致事标记和役事标记演变为主格和宾格的标记。当然这种类型的结构在现代汉语中已经被淘汰了，主要原因可能有：一、汉语本来就属于无格标记系统的语言，用“被”标记主格、“把”标记宾格与整个汉语系统不和谐；二、汉语语法尚简，对语境依赖性强，单独用“被”或“把”就足以显示论元的施受关系，因此同时使用“被”“把”

明显不经济①。

宋元时期汉语还出现了一种更为特殊的被字句，即受事不在“被”字前而在“被”字后，例如②：

(33) 被我瞒他四十年。(国学基本丛书《朝野新声太平乐府》)

(34) 被咱家说破他行止。(元曲选)

(35) 被月在下面遮了日。(《朱子语类辑略》)

(36) 被小夫人引了我魂灵。(元刊杂剧《诈妮子调风月》)

(37) 被你烧了我的尸骸。(元曲《铁拐李》)

这种特殊的被字句为这种特殊的把被同现句创造了条件，上面例(33)—(37)中的役事如果用“把”字引出，就可以变换为类似例(22)—(26)那样的特殊把被同现句。例如：

(38) 被我把他瞒四十年。

(39) 被咱家把他行止说破。

(40) 被月在下面把日遮了。

(41) 被小夫人把我魂灵引了。

(42) 被你把我的尸骸烧了。

因此可以这么说，汉语系统的自身发展是内因，受民族语言影响是外因，是内外因相互作用才产生了中古时期这类特殊的把被同现句。尽管它们在共时平面的产生机制可能相通，但是这类把被同现句绝对不能看作现代汉语把被同现句的前身或来源，它们的一个典型特征就是“被”字前无名词性成分，俞光中、植田均(1999:57)把它们称为“零被”句。

---

① Kittilä(2002)对90种语言及物性小句的论元编码情况进行统计，发现无形式编码的语言有21个，占23.3%，单论元编码的语言有64个，占71.1%，双论元编码的语言有5个，占5.6%。可见，单论元编码既经济，也能充分显示论元之间的区别。

② 例(33)和(34)引自吕叔湘(1984/2002:476)，例(35)和(37)引自俞光中、植田均(1999:58)。

8.4 “把”为役事标记

汉语把字句历来是汉语语法研究的热点问题，王力(1943)称作处置式，至于把字句是否表示处置义，学界说法不一(可参见张伯江 2019:158-163)。本研究不打算讨论把字句的语义问题，主要想针对近年来学界关于把字句的生成机制谈谈自己的一点拙见。近年来关于把字句生成机制问题，主要有三种新观点：一是认为把字句相当于作格语言的逆被动态(叶狂、潘海华 2012)；二是把字句是相当于作格语言的施格化操作(金立鑫、崔圭钵 2019)；三是认为把字句是“被动主动句”(朱佳蕾、花东帆 2018)。

所谓的逆被动态是作通格语言[①]中的一种语态现象。在逆被动态中，及物句的主语由作格变为通格，而原来的宾语则由通格降级为边缘地位，通常带上斜格(Song2008:184)。例如[②]：

(43) 格林兰爱斯基摩语

Arna-p　　niqi-Ø　　niri-vaa

妇女-作格　肉-通格　吃-直陈·第三人称单数

这个妇女把这肉吃了。

(44) 格林兰爱斯基摩语

Arnaq-Ø　　niqi-mik　　niri-NNig-puq

妇女-通格　肉-工具格　吃-逆被动-直陈·第三人称单数

这个妇女吃了一些肉。

Song(2008:186)还提到逆被动态的功能可能是使宾语变为

---

① 作通格语言是这样一种语言，即不及物句的唯一论元(S)和及物句的宾语(O)在格标记上保持一致，通常叫作通格，而及物句的主语(A)则采用另外一种格标记形式，通常叫作作格或施格(Song 2008:143)。

② 例(43)—(44)引自 Song(2008:185)。

部分受影响(partially affected)。张伯江(2016:71)用下面例(45)、(46)说明汉语把字句往往具有“完全受影响”的语义特征。

(45) 他喝了酒。→他把酒喝了。

(46) 他用了钱。→他把钱用了。

上面两例右侧把字句明显带有“完全受影响”的语义特征,可以用下面的句法测试得到验证:

(47) a. 他喝了酒。→他喝了一些酒。→＊他全/都喝了酒。
b. 他把酒喝了。→＊他把一些酒喝了。→他把酒全/都喝了。

(48) a. 他用了钱。→他用了一些钱。→＊他全/都用了钱。
b. 他把钱用了。→＊他把一些钱用了。→他把钱全/都用了。

上面例(47)和(48)说明没有“把”字的主动宾句反而表示部分受影响,这与作通格语言的逆被动化操作在表义上完全不同,把把字句比附为作通格语言的逆被动化操作很难令人信服,进一步质疑这种观点的讨论请参见张伯江(2014、2019:82－88)。如果从本研究讨论的把被同现句看,更无法说明把字句是一种逆被动化操作,因为把字化(逆被动化)操作得到的还是一个被动句(见上文第2节),把字结构是整个被字句的谓语,这种特殊句式岂能是其他语言的句式比附得了的?

朱佳蕾、花东帆(2018)认为许多语言都有一种包含复合动词的句型可以中和主动和被动的对立,如英语的“have＋$V_{被动}$”(I had a book stolen),因此认为汉语“把”后谓语是及物动词时,经历一种被动化操作,“把”后谓语是非宾格动词时,无须任何操作直接进入把字句,“把”后谓语是作格动词时,经历一种反身化操作。简言之,汉语把字句是一种用主动形式表示被动的句子,他们称之为“被动主动句”。张伯江(2019:88—92)讨论了这一观点存在的问题,证据有:一、指出朱、花文章中举出的支持“把”后谓语隐含施事的六个例句全部是病句，如下例(49)—(54)；二、指出朱、花认为把字句里动词前的“给”跟汉语方言里表达被动的“给”是同一个语素，与主流看法不一致，也得不到语言事实的支持。

(49) 不定那时他会一跤跌到山涧里，把骨肉被夜鹰啄尽。

(50) 这所坐落在市中心的学校把操场让人给占用了。

(51) 小树把根叫洪水冲出来了。

(52) ……把事件由国际法庭处理。

(53) 房主说，不想把房子被银行收走。

(54) 赵四张着大嘴笑得把舌根喉孔都被看见。

我们想指出这种观点存在的问题有：一、上面例(49)—(54)这类句子，我们在引言中就已经说了，不仅少而且有的学者认为是不能说的，杨明义(2000)对《西游记》中把被同现句进行了统计，发现41个把被同现句中“被”在“把”前的有38例，而“把”在“被”前的只有3例[①]；二、该文的立论基础是认为汉语的受事主语句是一种零形态的变价操作，即汉语被动态可以零标记标示，而汉语有没有被动语态是一个有争议的问题，赵元任(1952)认为现代汉语无主动式被动式区分，高名凯(1986/2011：226)、洪波(2009)均认为先秦汉语也是没有主动被动语态区分的；三、我们还发现一类受事主语句并不表示被动反而表示主动(参见本书第九章)，如“车子开过来吧”“这张照片送给我吧”等；四、本研究所讨论的“被”在“把”前的把被同现句，朱、花文章中认为是典型的遭受义被动句，那么这种被动句中又含有“把”字句，该如何称呼呢？

---

① 我们认为这类句子不大能说的原因是，把字句表示主观处置(沈家煊2002)，而被字句表示“不幸的遭遇”，把字的宾语是处置对象，在这种句子中同时又是“遭遇不幸”的对象，被字句的主语往往对事件的发生不负有责任，具有不可控性，你处置一件事，又使它的发生具有不可控性，在语义上有冲突。

金立鑫、崔圭钵(2019)认为"NP_1 把 NP_2 VR[①]"把字句是在通格结构的基础上通过增加施格成分(施格化操作)得到的,施格化操作的功能动因是引进并凸显使因者,因此认为这一类"把"本质上是施格化句法操作的功能标记。本研究认为这一观点至少存在以下一些问题:一、孤立地分析把字句中的某一类进而找出其产生的动因,这样会导致不同类型的把字句的产生动因各不相同,不符合理论简洁性要求[②];二、汉语是没有形态的语言,即通常所谓的孤立语,用有形态的作通格语言来比附汉语,其可靠性必然会打折扣;三、作通格语言的作格或施格(ergative)是后附于及物性小句的主语论元之上的,而汉语"把"字是前附于动前名词(本研究称作役事,还不敢轻易说是宾语)之上的,与作通格语言截然相反;四、对于表处置的受事主语句,使用"把"字的动因是为了凸显役事而不是凸显使因者,如"这幅画挂到墙上吧——把这幅画挂到墙上吧",该如何解释;五、本研究讨论的把被同现句,该如何用施格化操作解释呢,因为这类把被同现句的使因者已经由"被"字凸显,不可能再由"把"字来凸显它。

汉语把字句的研究从王力先生提出"处置"说以来,一直都是汉语学界的研究热点,以上"逆被动态""被动主动句""施格化操作"等是近年来出现的几种新鲜的观点,非常值得提出来加以讨论。通过上文讨论不难看出,新观点给人们带来了耳目一新的感觉,但同时也不是没有问题,相信问题会越辩越明。

本研究坚持"把"字是役事标记,因为把字句是一种致使句式(叶向阳 2004、宛新政 2005、周红 2006),致使句一般都包含致事、役事、动作、结果四个要素,而"把"字始终都是附在役事前面,凸

① VR 代表动结式,笔者注。

② 我们认为对汉语把字句的研究,应该把重点放在必须使用把字句的那些小类上面,如"把书放到桌子上""把他当作好朋友"等,然后再考虑其他小类把字句与此类把字句的关系,同时结合把字句的演变历史,这样可能会得出比较公允的看法。

显这个被处置的对象。

8.5 结语

本章不仅讨论了现代汉语的把被同现句，而且还讨论近代汉语中的把被同现句，认为二者之间没有必然的直接联系。

现代汉语把被同现句是把字句和被字句两种句式截搭整合的结果，而近代汉语的把被同现句则可能是受民族语言影响下，在一类"被"字前面无名词性成分的被字句基础上逐渐形成的。

最后本章还讨论了近年来汉语学界出现的关于把字句的三种新观点，分别是"逆被动态"、"被动主动句"和"施格化操作"。本研究认为尽管上述三种新观点给我们带来了耳目一新的感觉，但是这些观点也不是不存在一定的问题。

本研究认为汉语把字句是典型的致使句式，"把"字是役事标记，它不仅可以解释一般的把字句，而且对于必须使用把字的那些把字句、把被同现句都可以作出统一的解释。尤其是汉语中还有一类表示处置义的受事主语句(车子开过来吧、照片送给我吧、灯笼挂到门上吧)，这类受事主语句可以通过添加"把"字构成把字句，而添加"把"字只是凸显役事，而不是表示宾语部分受影响，也不是凸显施事，更不是表示被动。

第九章　处置类受事主语句[①]

一般认为汉语受事主语句是无标记被动句，后来又把表示评价类的受事主语句叫作汉语中动句，而实际上汉语并不存在所谓的中动句(吴怀成 2020)。然而随着研究的深入，我们发现汉语的受事主语句总的来说可以分为两大类：事件性受事主语句和非事件性受事主语句。而事件性受事主语句，又可以根据事件的已然性和未然性分为无标记被动句和无标记处置句。本研究把这类无标记处置句称作处置类受事主语句，如“车子开过来吧！”“地图挂在教室后面吧！”“这张照片送给我吧！”等。

这种处置类受事主语句，尽管已经有前辈学者注意到了，如朱德熙(1982/2006，2010/2014)、邓守信(1983)、周晓康(1993)等，但是都没有进行深入的讨论。对这类受事主语句的研究，不仅可以帮助我们认识汉语变在句的产生动因，还可以帮助我们认识“处置”与“被动”的关系以及“把”字句的性质。

① 本章已在《汉语学习》2023 年第 1 期上发表。

9.1 一类被忽视的受事主语句

9.1.1 汉语受事主语句研究历来是汉语学界的一个热点。以往学界主要集中于受事主语句和被动句之间的关系研究，主要有三种意见（刘顺 2018：4－5）：一是认为无标记受事前置句[①]是被动句，如王力（1943/2014）、张志公（1957）、龚千炎（1980）等；二是认为应该区别加以对待，如王还（1983）认为谓语是叙述性的是被动句，谓语是描述性的不是被动句，周宝宽（1995）认为受事前置句有一部分不存在被动关系，因此不是被动句；三是认为无标记受事前置句不是被动句，如洪心衡（1956）认为无标记受事前置句都不是被动句，刘叔新（1985）认为这类句式应该是独立于被动句和主动句而同它们平行的句式，可称之为混动句。但是尽管如此，学界认为汉语受事主语句属于无标记被动句的仍然很多，如黎锦熙（1924/2007：4）、王力（2017：143）、吕叔湘（1946/1983）、赵元任（1979/2005：313）、张斌（2002：413）、黄伯荣、廖旭东（2017：93）等。

9.1.2 只有朱德熙（1982/2006：188，2010/2014：167）却认为汉语受事主语句反而与把字句关系更加紧密，他认为绝大部分“把”字句去掉“把”字以后剩下的部分仍旧站得住，而剩下的部分正是受事主语句。由于朱先生只是举几个例子说明他的这一观点，因此这个观点一直没有受到学界重视。本研究也发现，有些受事主语句确实与“把”字句关系密切而与被动句相去甚远，例如：

（1）春玲对任保说：“镜子放下吧，这是分给冷元大爷的。”（冯德英《迎春花》）

（2）我取下一张她在自家楼前的单人照片，说：“这张送我

① 这里的受事前置句就是本研究所谓的受事主语句。

吧。”她回头看了一眼，简短地说：“不行，你要我照片干吗？”（王朔《我的千岁寒》）

(3) 阿多那多说：“谢谢体谅。”他眼睛向她一瞥，也没多少好气。薄粥稠粥，就像她们还有什么选择似的。他对门外说：“阿顾啊，面包拿进来吧。”（严歌苓《金陵十三钗》）

上面例(1)—(3)中，画线部分都是受事主语句，但是它们都可以改为“把”字句而意思保持不变，但是如果改成“被”字句则不成立。如下所示：

(4) 镜子放下吧→(你)把镜子放下吧→ * 镜子被(你)放下吧

(5) 这张送给我吧→(你)把这张送给我吧→ * 这张被(你)送给我吧

(6) 面包拿进来吧→(你)把面包拿进来吧→ * 面包被(你)拿进来吧

9.1.3　本章就是想从朱德熙(1982/2006：188)给出的例句谈起，证明汉语受事主语句并非天生属于无标记被动句，它们也有一部分属于无标记处置句。然后从认知凸显的视角探讨处置类受事主语的产生机制，最后从糅合类推角度讨论这种处置类受事主语句可能与变在句的关系。

9.2　表被动还是表处置

朱德熙(2010/2014：167)指出，受事主语句和“把”字句在以下两点上是共同的：第一，主语都是受事，而且在意念上都是有定的；第二，动词都是复杂的。朱德熙(1982/2006：188)给出的例子有：

(7) 把衣服都洗干净了～衣服都洗干净了

(8) 把嗓子喊哑了～嗓子喊哑了

(9) 把烟也戒了，把酒也戒了～烟也戒了，酒也戒了

(10) 把这笔钱还给学校～这笔钱还给学校

(11) 把铁箱子放在下头～铁箱子放在下头

(12) 把大门贴上封条～大门贴上封条

(13) 把头一抬，把眼睛一瞪～头一抬，眼睛一瞪

(14) 把粮食往南边运～粮食往南边运

(15) 把皮肤晒得黢黑～皮肤晒得黢黑

(16) 把他气得连话都说不出来了～他气得连话都说不出来了

(17) 把壁炉生上火～壁炉生上火

(18) 把一个南京城走了大半个～一个南京城走了大半个

(19) 把自己的意见强加于别人～自己的意见强加于别人

(20) 把简单的问题复杂化了～简单的问题复杂化了

(21) 把这些事情都置之度外～这些事情都置之度外

仔细观察上面15个例句，我们会发现，以上例句总的来说可以分为两大类：第一类表示已然事件，属于客观陈述；第二类表示未然事件，属于主观命令。第一类例句前面都可以添加一个施事主语“他”[①]，相应的受事主语句也可以添加一个施事主语“他”，大多还可以改为被字句，如上面的例(7)、(8)、(9)、(13)、(15)、(16)、(18)、(19)、(20)和(21)，具体变换如下：

(7) ’他把衣服都洗干净了～他衣服都洗干净了～衣服被他洗干净了

(8) ’他把嗓子喊哑了～他嗓子喊哑了～嗓子被他喊哑了

(9) ’他把烟也戒了，(他)把酒也戒了～他烟也戒了，(他)酒也戒了～烟也被他戒了，酒也被他戒了

(13) ’他把头一抬，(他)把眼睛一瞪～他头一抬，(他)眼睛一

---

① 例(16)由于“把”字宾语是“他”，句前再加施事主语“他”受限，添加致事主语“这件事”则没问题。

瞪～？头被他一抬，眼被他一瞪

(15) ’他把皮肤晒得黝黑～他皮肤晒得黝黑～皮肤被他晒得黝黑

(16) ’这件事把他气得连话都说不出来了～这件事他气得连话都说不出来了～他被这件事气得连话都说不出来

(18) ’他把一个南京城走了大半个～他一个南京城走了大半个～一个南京城被他走了大半个

(19) ’他把自己的意见强加于别人～？他自己的意见强加于别人～自己的意见被他强加于人

(20) ’他把简单的问题复杂化了～他简单的问题复杂化了～简单的问题被他复杂化了

(21) ’他把这些事情都置之度外～他这些事情都置之度外～这些事情都被他置之度外

但是这些句子前面一般不能添加施事主语“你”，相应的受事主语句也不可以添加施事主语“你”①，如下所示：

(7) ”＊你把衣服都洗干净了～＊你衣服都洗干净了

(8) ”＊你把嗓子喊哑了～＊你嗓子喊哑了

(9) ”？你把烟也戒了，(你)把酒也戒了～？你烟也戒了，(你)酒也戒了

(13) ”＊你把头一抬，(你)把眼睛一瞪～＊你头一抬，(你)眼睛一瞪

(15) ”？你把皮肤晒得黝黑～？你皮肤晒得黝黑

(16) ”你把他气得连话都说不出来了～＊你他气得连话都说不出来了

① 这些例子，有的加了“你”似乎可以说，但是给人们感觉似乎不能完句，如“你把烟也戒了”，有的加了“你”，给人的感觉是当面责备，如“你把简单的问题复杂化了”，但是相应的受事主语句前都不能添加“你”。

(18) "? 你把一个南京城走了大半个～? 你一个南京城走了大半个

(19) "? 你把自己的意见强加于别人～＊你自己的意见强加于别人

(20) "? 你把简单的问题复杂化了～＊你简单的问题复杂化了

(21) "? 你把这些事情都置之度外～＊你这些事情都置之度外

第二类表示未然事件，这类事件句都是表示主观命令，跟第一类相比，第二类句子前面都可以添加施事主语"你"，相应的受事主语句都可以在句前添加"你把"，添加"你把"后与前面的"把"字添加"你"以后形式完全一样，但是一般不能改为被字句，如例(10)、(11)、(12)、(14)和(17)，具体变换如下①：

(10) '你把这笔钱还给学校～你把这笔钱还给学校～＊这笔钱被你还给学校

(11) '你把铁箱子放在下头～你把铁箱子放在下头～? 铁箱子被你放在下头

(12) '你把大门贴上封条～你把大门贴上封条～? 大门被你贴上封条

(14) '你把粮食往南边运～你把粮食往南边运～＊粮食被你往南边运

(17) '你把壁炉生上火～你把壁炉生上火～＊壁炉被你生上火

同时，这些把字句前面一般不能添加施事主语"他"，相应的受事主语句的句前也不可以添加"他把"，即使可以这么改，但是改出的句子，要么从主观命令变成客观陈述，要么句子不自足，也

① 这些例子，即使可以改为被字句，但是句子一般都是不自足的。

就是说无法完句。如下所示：

(10) ”? 他把这笔钱还给学校～? 他把这笔钱还给学校

(11) ”? 他把铁箱子放在下头～? 他把铁箱子放在下头

(12) ”? 他把大门贴上封条～? 他把大门贴上封条

(14) ”? 他把粮食往南边运～? 他把粮食往南边运

(17) ”? 他把壁炉生上火～? 他把壁炉生上火

通过以上变换分析，我们可以看出，把所谓的受事主语句看作无标记被动句的观点是片面的，受事主语句与被动句没有天然的联系，受事主语句就是受事做话题的句子，受事是已知信息、旧信息，是话题焦点(参见徐烈炯、刘丹青 2007)。受事主语句既可以表示被动也可以表示处置，主要取决于句子是已然句还是祈使性未然句[①]，在已然句中表示被动，在祈使性未然句中表示处置。而且这两类受事主语的区分往往具有明显的形式标记，在已然句表被动时往往句末可以带助词“了”(如“车子开过来了”)，在祈使性未然句表处置时往往句末可以带助词“吧”(如“车子开过来吧”)。

9.3 为何可以表处置

9.3.1 受事主语句为何可以表示处置义呢？我们认为其根本原因来自于语言的互动性本质。通过我们的考察，发现表示处置义的受事主语句都是在口语中，具有现地性，本质上都属于祈使句。例如：

(22) “这事交给我吧！”尔旋说。(琼瑶《梦的衣裳》)

(23) “这块就留给我吧，我怎么也会死在你前面的。”(大陆作

① 祈使句只是未然句的一种，未然句的范围要广得多，非祈使性未然句是可以添加“被”字的，如“大门马上就要被封上了”“粮食如果及时被送到前线，……”等，因此，本研究把此类表处置的受事主语句归为祈使性未然句。

家·余华)

(24) “枪给我吧!”(吴强《红日》)

(25) 最后完成了七卷《无脊椎动物志》,稿子一大包,让女儿送到居维叶那里,居维叶说,稿子放在长椅上吧,并不打开来看,就上楼去了。(《读书》vol-093)

(26) 她机警地走到顽军连长的面前说:“官长,别的都可以,这只小猪给留下吧!它还太小呀!”(知侠《铁道游击队》)

上面例(22)—(24)以及例(25)和(26)中的画线部分实际上都是祈使句,祈使句是典型的致使句式。众所周知,致使句具有四个要素:致事(致使者)、役事(被致使者)、动作(致使力)和结果(状态变化),那么例(22)中的致事就是听话者“你”,役事是“这事”,动作是“交”,结果是“给我”。该祈使句也可以改为“你把这事交给我吧”。其余例子都可以作类似的分析。通过我们调查发现,所有处置类受事主语句都是出现于对话语体,并且都属于祈使句,大都可以在受事主语前添加“你把”构成同义的祈使句。这类受事主语句正好和完权(2016)所谓的“言者主语”句相反,都是“听者主语”句,都是听话人做主语而在句法主语位置上不出现,这也是这类受事主语句前都可以添加“你把”的原因。我们认为这背后的交互主观性和言语行为动因,与完权(2016)讨论的言者主语句是一致的。

但是,如果自己是祈使对象,偶尔也有在受事名词前添加“我把”构成同义的祈使句的例子:

(27) 他眼睛往四处瞧了下说:“找不着钉子,帽子还是挂在头上吧。”把帽子挂在头上,这才腾出手来跟大家相握。大家都笑,他却面不改色,一本正经地跟大伙寒暄。(《作家文摘》1994)

9.3.2　表处置的受事主语句除了都出现于对话语篇中这一特

点外，其还有一个特点是受事的生命度是非常低的。Comrie(1989:185)把名词的生命度高低列了一个等级：人类＞动物＞无生命物。我们发现，表示处置的受事主语句中受事主语在生命度等级上处于较低的位置，因为被处置的对象应该在生命度上低于处置者，例如：

(28) a. 东西交给我吧！　→　把东西交给我吧！
　　 b. 孩子交给我吧！　→　把孩子交给我吧！
　　 c. *他交给我吧！　→　把他交给我吧！

例(28a)中"东西"的生命度低于处置者"你"，受事主语句成立，而例(28c)中的"他"在生命度上与处置者"你"相当，因此受事主语句不成立，而例(28b)中的"孩子"与处置者"你"虽然在生命度上相当，但是话语蕴含的语境是大人之间的对话，因此大人照顾孩子是常态，受事主语句也可以成立。例(28)告诉我们，"把"的出现与否是和语义上的施受关系密切相关的，如果句子的施受关系明确，就不需要这个"把"字，如果施受关系不明确，往往需要这个"把"字。从这个意义上说，"把"是役事标记。Næss(2007:30)曾提出过一个"最大区别论元"假设(the Maximally Distinct Arguments Hypothesis)，即"在一个原型及物性小句中两个参与者在语义上具有最大的区别性(maximally semantically distinct)"。但是由于汉语语法尚简，因此只要语境可以明示施受关系，语义上要凸显哪一个参与者，那个参与者就需要在句法上出现，而不需要凸显的就可以隐退(shade/deprofiling)或裁剪(cut)①，详见下文。

9.3.3　这类表处置的受事主语句，表示"处置义"还可以通过

---

① 隐退和裁剪都引自Goldberg(1995:57)。隐退指的是一个非凸显的参与者往往用附加语表达，裁剪指的是类似导演把参与者角色之一从画面中删除。二者的区别是，前者可以用附加语表达非凸显参与者，而后者则直接把非凸显参与者删除，在句法上得不到表达，如英语的中动句的施事无法在句法上表达出来。

下面例子加以证明：

(29) a. “今天意外的冷，我喜欢的冬天来了”，“能穿的都穿上吧，冻死了”。(微博)

b. “14°，穿几件都可以，如果没有厚衣服，就把能穿的都穿上吧”。(微博)

(30) a. 他抖擞了一下精神，说：“春梅！你放心搞工作，这事交给我吧！”(冯德英《迎春花》)

b. “您就把这件事交给我吧，”玛丽亚公爵小姐说，“我知道……”(翻译作品《战争与和平》)

上面的例(29a)和(30a)都是无标记的受事主语句表示处置，而例(29b)和(30b)则是“把”字句表示处置，差别就是有无“把”字，因此可以说汉语中的确存在处置类受事主语句。

此外，周晓康(1993)实际上也意识到有一部分受事主语句表示“处置”义，他举的例子为：

(31) 这篇稿子送印刷厂。

(32) 这封信转校长办公室。

(33) 这部戏拍电影。

周文是通过把例(31)—(33)都变换为“把”字句来检验它们表“处置”义的，如：

(34) 把这篇稿子送(到)印刷厂。

(35) 把这封信转(给)校长办公室。

(36) 把这部戏拍(成)电影。

可惜的是，周文的这一观点没有引起学界的注意。

9.3.4 当然也许有人会认为本研究所谓的表处置的受事主语句本来就是“把”字句，只是在对话语体中施事明确，所以省略施事和“把”字。我们却不赞同这种分析，正如前文所示，如果受事的生命度高，即使是对话语体也无法省略，如例(28c)。其次，汉语中受事处于句首时，它就具有了话题身份，与谓语动词可以构成一个自足的小句。张云秋(1994)指出,如果一个句子中的谓语动词是及物动词,那么这个句子若要自足,其受事比施事更重要,也就是说一个及物动词做谓语的句子在语义上的自足条件是:必须带上它的受事,而施事是可有可无的。如果我们认为这类受事主语句是省略了施事"你"和处置标记"把",我们也可以认为其他表示结果状态的受事主语句是省略了施事和介词"被",如认为"房子拆掉了"是"房子被施工队拆掉了",这样分析显然是不可取的。我们认为汉语句法表达有一种"尚简"精神,语境许可的条件下,用最少的符号表达更多的内容,也符合语用学上常说的省力原则和经济性原则。最后,Goldberg(1995:45)比较 rob 和 steal 时指出,rob 凸显目标和抢劫者,而 steal 凸显偷窃物和偷窃者,这种凸显差异决定了这两个动词的参与者角色在句法实现上面的差异。与此相反,非凸显的参与者往往需要隐退或裁剪,也就是说,隐退或裁剪的参与者角色往往在句法上无法落实,这在汉语中非常常见,例如:

(37) 天培看了妻子一眼,交换了一个微笑,他的意思是向艾莉暗示:你看,我妈妈多么关心你,爱护你,艾莉也笑了一下,那天晚上艾莉吃得很开心。(岑凯伦《合家欢》)

(38) 我的手在颤抖着,我忙把那纸条塞给珍妮,她读了一遍,再读一遍。她把那纸条紧紧地抱在胸前。(《读者·合订本》)

(39) 这种苹果好吃。

(40) 信写好了。

(41) 他从口袋里拿出烟盒,取了一支烟,打火机连打了三次,才把那支烟点着。(琼瑶《雁儿在林梢》)

例(37)中凸显吃饭的结果状态,非凸显的"食物"被裁剪了;例(38)中的"那纸条"在前文已出现,因此在"她读了一遍"中也被裁剪了;例(39)是汉语学界所谓的中动句,很多学者认为句中隐含的施事在句法上没有实现，实际上这是非事件性的评议句（吴怀成 2020），施事是非凸显成分，已经被裁剪掉了；例(40)是汉语学界所谓的无标记被动句，因为该句凸显结果，施事是非凸显成分，已经被裁剪掉了，如果带上施事反而不自然（？信被他写好了）；例(41)凸显数量“三次”，施事“他”和受事“火”都不是凸显成分，所以都被裁剪掉了。总而言之，汉语中凸显什么参与者角色，那么它在句法上就会显性表达出来，非凸显的成分就会被裁剪掉，在句法上无法落实为显性表达。这也许是汉语属于一种高语境的语言（申小龙 2017）的原因。

9.4 从“处置”看“变在”和“被动”

9.4.1 存在是静态的存在，出现和消失则是动态的“变在”（沈家煊 2020），变在则是处置的一种结果。汉语中有静态的存在，但是可以用两种不同的句式来表达，如果主体在句首，则处所在句尾，如果处所在句首，则主体在句尾。例如：

(42) 邮局在东边。

(43) 东边有邮局。

上面例(42)是一般的主谓宾句，特点是主语是中性主语，既不是施事也不是受事，而宾语则是处所宾语。例(43)是所谓的汉语存在句，存在句的典型特点是处所做主语，谓语是存在动词，宾语则是存在物。我们在使用上述两种句式时，无论选择哪种句式，它们都属于静态的存在，差别只是谁是话题焦点谁是信息焦点，是由信息结构特点决定的。这种话题焦点与信息焦点的转换可以用心理学实验所谓的“人脸/花瓶幻象”（face/vase illusion）加以说明，即所谓的主体/背景分离（figure/ground segregation）的现象（Ungerer & Schmid2006：164），其实质就是凸显/隐退（profile/shade）的认知机制在语言上的反映。

沈家煊(2020)认为，汉语中不仅有静态的存在，还存在动态的变在，即静态的“存”蕴含在动态的“现”之中，如“台上坐着主席团”(静态的“存”)和“中国出了个毛泽东”(动态的“现”)在结构上具有平行性，“墙上挂了一幅画儿”既表示静态的存在又表示动态的出现，这就是汉语为什么要讲存现句的原因，而不是单单只讲存在句。表示处置的受事主语句不仅与把字句关系密切，而且与汉语的变在句关系密切，也可以说汉语变在句就是承继[①]了汉语存在句和处置类受事主语句两种构式特征而来的。以“地图挂在墙上”为例，它与“墙上挂着地图”之间的关系，就像例(42)和例(43)之间的关系，也是谁是话题焦点谁是信息焦点的问题，我们根据沈家煊(2006)提出的“糅合类推”理论，把汉语的变在句“墙上挂着地图”的生成机制展示如下：

(44) a. 地图在墙上　　b. 墙上有地图

x. 地图挂在墙上　y. (—)←xb 墙上挂着地图

例(44y)这种变在句的产生就是处置的结果，没有处置动作“挂”，绝不会导致地图在墙上挂着这种状态的存在。Jaxontov (1988)就把汉语“变在”句看作是汉语的结果结构并认为“着”为结果标记。这实际上也是把动态的“处置”与静态的“结果”或动态的“出现”(变在)联系起来了。

邓守信(1983：112 - 123)把汉语的变在句叫作“存在受事”句[②]，例如：

(45) a. 墙上挂着画。

b. 桌上放着书。

邓守信认为：受事现在被安排在这样的位置上(即宾语位置，

---

① 承继(inherit)也是构式语法术语，表示一个构式可以从另外一个构式那里承继一部分或全部语法特征。

② 存在受事句与存在施事句相对，邓文所谓的存在施事句为“台上坐着主席团”这类句子，笔者注。

笔者注)，是由于一个未指明的施事的活动的结果。邓文还认为例(46a、b)和例(47a、b)是与例(45a、b)有对应关系的句式：

(46) a. 画挂在墙上

b. 书放在桌上

(47) a. 他把画挂在墙上

b. 他把书放在桌上

邓文实际上看到了处置类受事主语句与把字句以及汉语的变在句之间存在某种联系，但可惜的是没有深入讨论[①]。

9.4.2 处置与被动是一体两面，被动就是被处置的一种结果。Croft(1991:269)认为，简单事件是由三个部分组成的致使链构成：致使—变化—状态，且致使链的三个组成部分"致使—变化—状态"以"终点"、"变化—终点"和"致使—变化—终点"为视点都可以构成句子，其中句子中的动词性质也不一样，例如：

(48) The door is open. [②]

(49) The door opened.

(50) I opened the door.

尽管在英语中例(48)中的 open 是形容词，而例(49)中的 opened 是动词的过去式，但是这两例都含有"门是开着的"这一事件的终点状态，而这一状态是由动词"开"导致的。从这个角度看，在一个简单事件的致使链中，动作与结果是密不可分的，没有动作就没有结果，有了结果就蕴含致使动作的存在。因此，处置和被动也是关系密切的，处置强调对一个事物施加作用力或对另

---

① 周晓康(1993)和邓守信(1983)这两篇文献都是本章完稿以后看到的，为了尊重前人研究成果，所以在对文稿修改校对时把这两篇文献补进文中。

② 也许有人认为此例中 open 不一定由致使事件导致的，并以 The door is built open 为反例，而我们还可以说 They built the door open，这是典型的致使-移动构式。如果只凸显门被打开这一致使性事件的结果，不考虑使因和过程，此例看作处置结果未尝不可。

一个事物施加影响，而被动正是处置的结果，英语的被动式就是从动词的完成式演化而来的（Toyota2008）。汉语受事主语句最能说明二者之间的关系，“车子开过来吧”是处置，而“车子开过来了”是被动[①]，没有对车子的处置“开”，车子是不会自动过来的。朱佳蕾、花东帆（2018）把汉语“把”字句称作“被动主动句”，实际上是看到了“处置”与“被动”之间的联系，但是“处置”毕竟处于事件致使链的开端，与“被动”处于事件致使链的末端终究存在差异，不能混为一谈。

9.4.3　从处置类受事主语句来反观汉语的“把”字句，也许可以得出这样一种结论，汉语的“把”字句是让受事带上显性标记，这个受事在致使句中属于役事，也可以说“把”是役事标记。汉语“把”字句是强及物性句式（王惠 1997、张伯江 2000），如果“把”是役事标记，那么它就不可能是金立鑫等（2019）所谓的施格化句法操作的功能标记，也不可能是叶狂等（2012）所谓的逆被动化句法操作词。张伯江（2014、2020）已经对“把”字是不是逆被动化句法操作词做出了回应，我们赞同张伯江先生的看法，此处不赘。我们认为正确看待“把”字句，应该从那些必须使用“把”字句的实例中找答案。例如[②]：

(51) 把车停在门口

(52) 把这块布做成一条裙子

(53) 把橘子剥了皮

(54) 把他当作好朋友

以上诸例中，“停在门口”、“做成一条裙子”、“剥了皮”和“当作好朋友”都可以看作一种处置结果，“车子”、“这块布”、“橘子”

---

① 有学者认为被动是一种论元变化的操作，与处置根本不在一个层面。但是我们不持这种转换观，而认为被动是基础生成的，是凸显受事的一种遭遇。更何况印欧语被动态定义不具有跨语言共性（参见吴怀成 2018）。

② 例(51)—(53)引自金立鑫等(2019)。

和“他”都是役事，是致使对象，除了例(54)不可以改为受事主语句(因为“他”生命度高，见前文9.3.2节讨论)，其余三例都可以改为受事主语句。

(55) 车子停在门口吧！——车子停在门口了。

(56) 这块布做成一条裙子吧！——这块布做成一条裙子了。

(57) 橘子剥了皮吧！——橘子剥了皮了。

从上面例(51)—(54)可以看出，即使致事没有出现，也可以使用“把”字句，这显然不符合金立鑫等(2019)所谓的“把”字是施格化句法操作的功能标记，为了彰显或凸显使因者。本研究认为，“把”就是“役事”标记。Kittilä(2002)考察发现，在许多语言中，只有高及物性小句才使用及物标记，这正好符合张伯江(2000)所概括出的“把”字句的句式意义：由A作为起因的、针对选定对象B的、以V的方式进行的、使B实现了完全变化C的一种行为。当然通过本研究讨论可以发现，“把”字句的结果，如果在祈使句中属于预期结果，在已然句中属于完成结果，但是无论如何“把”是“役事”标记是毫无疑问的。从上面的例(55)—(57)可以看出，受事主语句并非天然就属于无标记被动句，它与处置和被动都有一定的联系，在祈使性未然句中属于无标记处置句，在已然句中属于无标记被动句，处置强调对事物施加一定的影响，被动强调事物在外力作用下所处的结果状态，二者处于一个单一事件致使链的不同位置①，既有联系也有区别，不能混同。

9.5 结语

本章首先质疑学界对受事主语句属于无标记被动句这一观

① 这正是认知语言学的凸显观决定的，认知语言学提倡“所见即所得”，认知体验决定语言的编码形式。

点，然后通过变换分析，认为汉语受事主语句可以分为两类：一类是无标记被动句，主要用于已然句，常带形式标记“了”；一类是无标记处置句，主要用于未然句，常带形式标记“吧”。

其次，本研究讨论了处置类受事主语句的主要特征及其产生的动因和机制。处置类受事主语句的主要特征是用于口语，属于祈使句，也属于“听者主语”句，其产生的根本动因来源于语言的互动本质，其产生的机制是汉语信息结构特点决定的，汉语是话题优先型语言，谁充当话题焦点谁就位于句首，谁是信息焦点谁就位于句尾。处置类受事主语句的致事在句法上没有实现，一是因为汉语句法尚简，二是因为它是非凸显的事件参与者。

最后，本研究还讨论了处置类受事主语句与变在句之间的可能关系，认为汉语动态的变在句可能是承继汉语存在句和处置类受事主语句两种构式特征而形成的。本研究认为处置与被动之间是一体两面的关系，处置处于事件致使链的开端，而被动则处于事件致使链的末端，被动是处置的结果。以此反观汉语“把”字句，认为“把”是役事标记，其主要功能凸显役事参与者或明确施受语义关系。

第十章　余论

10.1　主要结论

本书的主要结论如下：

一、说汉语没有被动语态，只能说是汉语没有印欧语式的被动语态，但是如果我们从功能角度给被动语态下一个定义，那么这个定义也许具有一定的语言共性，即：被动语态是以经历者为视角，描述它遭受某种经历或发生某种变化的事件句。经历者往往是受动者，但不必然是受事，如“刀被砍坏了”中的“刀”是工具不是受事；而且经历者往往对事件的发生不具有控制性，是一个动作或事件的受影响者，只能默默地承受动作或事件的影响，如“他被公司开除了”；把被动句定义为事件句，是因为并非所有的受事主语句都是事件句，如汉语学界所谓的中动句就属于非事件性受事主语句（吴怀成 2020），处置类受事主语句则属于无标记把字句（吴怀成 2023）（参见第二章）。

二、我们在借鉴国外理论时，首先应该对该理论的来龙去脉有一个较为全面的认识，不能抱着“拿来主义”的心态去使用。国内研究汉语所谓中动句似乎都是以英语为参照系的，而英语的中动句只是印欧语中动范畴中的一个特例，并不具有语言的普遍性,以此为参照来研究汉语,必然会得出一些不符合汉语实际的结论出来。因此本书认为汉语不存在所谓的汉语中动句,所谓的汉语中动句本质上属于非事件性受事主语句,功能上是对句首的受事主语加以评说的,因而属于评议句(参见第三章、第四章)。

三、我们把及物性和作格性都看作是语言的组织模式。及物性是主宾格语言的组织模式,它受"由因及果"的思维推理模式所支配,它强调主语(致事)对宾语(受事或役事)施加一种作用力并对宾语产生一定的影响,其中主语是事件发生的引发者(instigator),对事件的发生负有一定的责任。作格性是作通格语言的组织模式,它受"由果溯因"的思维推理模式的支配,从而产生双论元句。由于作通格语言双论元句的宾语(受事)和单论元句的主语(多为受事,也可以看作客体)编码相同(通格),因此这种语言关注受事(或客体)对事件具有不可控性,它仅仅是事件发生的一个经历者(undergoer),对事件的发生不负有任何责任(参见第五章)。

四、从汉语及物动词都可以不带宾语,有人得出汉语的动词都是不及物动词;从汉语的不及物动词都可以带宾语,又有人得出汉语的动词都是及物动词。本研究认为汉语的及物动词确实存在非及物性用法,而汉语的不及物动词即使带了宾语,也不是及物性小句。汉语不及物动词带施事宾语是汉语存现句的构式扩张而形成的,属于构式的内部承继,汉语不及物动词带非施事宾语则是汉语"动宾"构式的构式变异而形成的,属于构式的外部承继。不管是构式的内部承继还是外部承继,都是认知类推的结果。也就是说,汉语的及物动词可以有不及物动词用法,而汉语不及物动词则绝无及物性用法,由此得出汉语及物动词属于不及物动词也未尝不可(王文丽、陈昌来 2017),从另一个角度来说,也可以说汉语及物动词和不及物动词之间还没有完全分化,汉语的动词在及物性和不及物性上具有一定的弹性(参见第六章、第七章)。

五、本书认为汉语把字句是典型的致使句式,“把”字是役事标记,它不仅可以解释一般的把字句,而且对于必须使用把字的那些把字句(把书放到桌上、把他当作好朋友)、把被同现句都可以作出统一的解释。尤其是汉语中还有一类表示处置义的受事主语句(车子开过来吧、照片送给我吧、灯笼挂到门上吧),这类受事主语句可以通过添加“把”字构成把字句,而添加“把”字只是凸显役事,而不是表示宾语部分受影响,也不是凸显施事,更不是表示被动。汉语受事主语句是一种自古以来就有的句式,它既与汉语的被动句有联系,也与汉语的主动句(把字句)有联系,正好可以看出处置与被动之间是一体两面的关系,处置处于事件致使链的开端,而被动则处于事件致使链的末端,被动是处置的结果。以此反观汉语“把”字句,认为“把”是役事标记,其主要功能凸显役事参与者或明确施受语义关系(参见第八章、第九章)。

10.2 不足和展望

本书的最大不足就是各章节都是以单篇论文的形式书写的,各章节的内容在表述上会存在一定的重复和交织,系统性不强。其他的不足还有:对汉语被动语态,我们还缺乏深入的研究,包括共时层面和历时层面;对汉语动词的及物性,我的研究还停留在宏观层面,还没有详细地调查各类动词的句法表现,微观研究不足。语态研究和动词及物性研究历来都是句法研究的核心内容,显然在这一方面的研究,我们做得还远远不够,本书只是把我们的一些不成熟的想法提出来,起到抛砖引玉的作用,以引起更多的学者参与到这一领域的研究上来。

汉语到底有没有被动语态,汉语的动词到底能不能区分及物动词和不及物动词,这些句法研究的核心内容,与汉语词类研究一样，一直都是汉语学界的老大难问题，至今争议不断，没有达成一致共识。这些根本性问题不解决，想建立符合汉语语言实际的汉语语法体系和语法理论将无从谈起。造成这一局面的根本原因可能还是由于汉语研究仍然没有摆脱“外国理论＋汉语例子”的研究范式，这并不是说我们汉语研究不需要借鉴国外语言学理论，而是说不要盲目地借鉴，甚至还没有搞懂别人的东西，拿过来就用（拿来主义），而是指汉语研究要与国外语言研究进行比较，而不是简单的比附。我们相信只有理性看待国外语言学理论，借鉴的同时进行辨别和比较，再结合汉语研究传统和汉语语言事实，不久的将来，一定会有汉语自己的语法理论和语法体系。

附录 1：对汉语语言单位层级划分的反思①

1 引言

王洪君(2000)认为汉语语法究竟应该分为几级单位，各级单位独特的组合模式是什么，是一个尚未展开研究的问题。王洪君(2000)接受汉语学界的一般看法，认为：汉语的语法单位也分为“语素-词-短语-小句-句子”5 个层级。吕叔湘(1979/2007：26)把汉语语法单位分为五级：语素、词、短语是静态单位，小句和句子是动态单位。我们对汉语中是否存在“小句”这一单位是存疑的，因为赵元任先生曾提出汉语的“零句”说，该观点可以概括为：(一)整句由零句组成；(二)零句是根本；(三)零句可以独立(沈家煊 2012)。不仅如此，“小句”到底指什么也不清楚。陈亚川、郑懿德(2000：88－91)就指出，“小句”这一术语早在吕叔湘先生所著的《中国文法要略》里就已经使用了，但是在同一时期的其他语法著作中有的用“分句”来表示吕先生所谓的“小句”(名异实同，笔者注)，也有用“小句”表示“子句”的(名同实异，笔者注)，而“子

---

① 本文已在《海外华文教育》2021 年第 3 期上发表。

句”有人叫作“主谓词组”,因此“小句”又可能指主谓词组了。吕叔湘(1979/2007:23)在回答小句包括不包括有些书上叫作子句、有些书上叫作主谓短语的那种组合时,认为“权衡得失,似乎还是叫作主谓短语从而排除在小句之外为好”。由此看来,“小句”(仅指分句)在复句里头,彼此分立,不互相为句子成分,如例(1)和(2),“子句”(也叫主谓短语)指一个句子充当另一个句子的句子成分,如例(3)和(4)。

(1) 走,你早了,只有二十五分钟,叫他们把车子开出来,走吧。(曹禺《雷雨》)

(2) 可惜正月过去了,闰土须回家去,我急得大哭,他也躲到厨房里,哭着不肯出门,但终于被他父亲带去了。(鲁迅《故乡》)

(3) “他不来”是一件怪事。

(4) 我不知道“他往哪里去了”。

吕叔湘(1979/2007:23 - 24)虽然认为语言的动态单位是小句和句子,但是同时认为“用小句而不用句子做基本单位,较能适应汉语的情况,因为汉语口语里特多流水句,一个小句接一个小句,很多地方可断可连”。正是因为汉语的零句或流水句是根本,可以独立,所以本研究只讨论汉语的四级语言单位(语素、词、短语和句子)及其问题。

2 汉语语言单位的纠葛

2.1 语素和词

一般认为语素是最小的音义结合体和最小的语言单位,而词则是最小的能够独立运用的语言单位,同时又认为词是由语素构成并比语素高一级的语言单位。在讲语素的时候又说能成词的叫作成词语素,不能成词的叫作非成词语素,这又等于承认有的语素就是词。说一个语素既可以成词又可以构词，对于印欧语来说基本符合，因为印欧语的构词以派生为主，如可以说 teach 既是语素也是词，而 teacher 只能认为是一个词了。可是在汉语中，就面临一个很大的问题，因为汉语的语素和词之间界限不清。判定一个语言单位是语素还是词，没有一个统一的标准。吕叔湘(1962)指出，不管是单说还是单用，又都会遇到另一个方面的问题，那就是：有些字在一种环境里能单说或单用，在另一个环境里不能单说或单用，那么作为一个语素，它是自由的还是粘着的呢？这跟一个自由语素也可以作为构词成分(如"笔"可以出现在"毛笔""水笔""笔锋""笔误"里边)不一样，那是所有自由语素的共同特点，不牵涉到某些特殊情况。吕先生列了六种情况，分别是：一、方言不同，有些语素在某些方言里可以单说，在另一些方言里不能单说，如"鞋：鞋子""面：面条"等；二、书面语和口语不同，有些字书面上单用，可是口语里不单用，如"但：但是""云：云彩"等；三、文体不同，有些字专科文献里可以单用，但是一般不能单用，如"耳、鼻(医学)：耳朵、鼻子""金、氧(化学)：金子、氧气"等；四、风格不同，有些字一般不能单用，但是在成语、熟语里能单用，如"一问一答"和"前怕狼，后怕虎"中的"答"和"虎"；五、所处结构不同，有些字只在某种结构里可以单用，在别种结构里就得扩充成一个双音节的同义词，如"桌、椅、板凳：桌子、椅子""从左到右：左边、右边"等；六、意义不完全相同，比如"下车"中的"下"，可以问："下车不下？"回答："下。"但是"下班"中的"下"就不能这样问这样答。针对上述情况，吕先生指出，汉语语法演变的趋势是越来越多的单字不能单用，可是**并没有让一切单字在一切情况下都不能单用**(原文没有加粗，此处加粗为了强调)，于是就形成了现在的局面：有些字是绝对自由，如"来、去、手、脚"等，有些字是绝对粘着，如"辉、煌、惶、惑"等，很多字是介乎二者之间。因此，吕先生认为用"最小的自由形式"来规定"词"，至少在汉语里是行不通的。吕先生倾向于用“能不能单说”来定义“自由”,这样做似乎标准很统一也很好操作,但是这样做的话,对于绝对自由的字和绝对粘着的字很好处理,但是对于那些所谓的介乎自由和粘着之间的字,到底如何处理还是无法解决。因此,吕叔湘(1979/2007:16-17)似乎放弃“能不能单说”而改为“能不能单用”,他说语素“能单用的,单用的时候是词,不单用的时候是构词成分”,“一般不能单用,在特殊条件下单用的,单用的时候是词”,“一个语素是词不是词的问题,要考虑的只有一个因素:能不能单用”。如果按照这一看法,上面吕叔湘(1962)所列举的六种情况中的一些字只能认为有时候是语素有时候是词,如此一来一个语言单位时而是语素时而是词,等于说二者界限无法区分。实际上,现代汉语中掺杂着很多古汉语的成分,想对某些语言现象做一刀切的分析是不可能的,这种介于自由和粘着的字在现代汉语中很多,再比如:

(5) 大器晚成:机器

(6) 貌美如花:面貌

(7) 误吃了发霉的食物:误会

以上三例中的“器”、“貌”和“误”三个字,如果按照吕叔湘先生的“能不能单说”,都应该归入粘着字,应该算作语素,但是在“大器晚成”、“貌美如花”和“误吃了发霉的食物”中都是可以单用的,尤其是“误吃”,它根本不是构词成分,明显是做状语,又如何认为它是粘着的语素而不是自由的词呢?还有,“住院、出院”中的“院”,到底是语素还是词,不同学者有不同的看法,王宗炎(1981)认为是词,而郭良夫(1988)认为是语素。

2.2 词和短语

汉语词和短语(词组)的界限问题丝毫不亚于语素和词的界限问题,主要表现在两个方面:一是有些字与字的组合既是词也是短语;二是词和短语的构造模式基本一致。字与字的组合既是词也是短语又表现为两个方面,一是通常所谓的离合词,合用的时候是词，分开用的时候是短语，如例(8)；二是有些二字组合本身既是词也是短语，如例(9)。

(8) 鞠躬：鞠了一个躬
游泳：游了半个小时的泳
革命：革了剥削阶级的命
帮忙：帮他一下忙
道歉：道了两次歉

(9) 剪纸、炒饭、捐款、存款、扶手、管家、烤鸭、先进、先发……

由于汉语的词和短语构造模式基本一致，导致很多二字组合有的是词有的是短语，例如：

(10) 提纲：提水、拉面：拉车、吃货：吃饭、打赌：打人、眼红：眼疼、总理：总说、先驱：先死……

从王洪君(1994)可以看出，无论哪一类结构，如主谓短语、述宾短语、述补短语、联合短语、偏正短语等，都存在短语和离合词的纠葛问题。语素与词之间的纠葛问题也会引起词和短语之间的纠葛问题，吕叔湘(1979/2007：17－18)指出，单纯用有没有单用的成分来决定一个组合是词还是短语，显然行不通，有一个过去常引用的例子，说是如果因为“驼”和“鸭”不能单用，所以“驼毛”和“鸭蛋”是词，因为“羊”和“鸡”[①]可以单用，所以“羊毛”和“鸡蛋”是短语，那是非常可笑的。吕先生说，应该认为“羊毛”和“鸡蛋”也是词。在谈到“有没有专门意义”能否作为判断一个词的标准问题时，吕叔湘(1979/2007：19－20)指出，向来有一种意见，认为如果一个组合的意义等于它的成分意义的总和，那么这个组合是一个短语；如果不是这样，这个组合就是一个词。同一个“吃

① 王宗炎(1981)的附注3指出，说“鸭”不能单用，可疑；我们能说“他出去放鸭”“鸭有家鸭、野鸭两类”“小三牲是鸡、鸭、鱼”。笔者同意王先生看法，笔者母语是江淮官话，也常说“他上街买了两只鸭、三只鸡”，并非必须把“鸭”说成“鸭子”。

饭”，如果吃的是米饭，“吃饭”是短语；如果吃的是馒头或者面条，“吃饭”是“进餐”的意思，那就是一个词。又如“大车”是个词，因为不是所有大的车都能叫作“大车”，只有牲口拉的两个车轮的载重车才叫“大车”；相反，“大树”是个短语，因为意思就是大的树。吕先生认为，从语法的角度看，有没有专门意义只有参考价值，没有决定作用，因为无论“吃饭”是词还是短语，“吃”和“饭”的关系没有什么不同，一切语法格式变化，如“吃着饭”或“饭不吃了”等等，对两种意义的“吃饭”都适用，没什么两样。

汉语词和短语的界限不清，其根本原因就是汉语词和短语的构造模式基本一致造成的。郭绍虞（1979：3）认为汉语的构词法和造句法是基本一致的，中间还有词组一级，它的结构形式也是与之基本一致的，并认为这是汉语语法的简易性的体现。

2.3　短语和句子

短语和句子之间的纠葛主要表现在两个方面：一个是短语和句子之间的关系问题；二是汉语句子有没有限定与非限定之分。

首先，汉语的短语和句子之间的关系不是组合关系，也就是说汉语的句子不像印欧语那样，是一个名词性短语和动词性短语的简单相加。印欧语的句子（S）可以记作：S＝NP＋VP，但是汉语的句子可以没有主语，汉语中存在大量的独词句就是证明，如“走！”“蛇！”“漂亮！”等。另外，汉语的主谓结构（NP＋VP）实际上也是一个词组，跟其他类型的词组地位完全平等，它可以独立成句，也可以做句法成分（朱德熙 1985/2005：8）。因此，朱德熙认为汉语词组和句子之间的关系是一种实现的关系（realization）。也就是任何一个短语，只要语义自足的话，带上语气语调都有可能成为句子。正因为如此，所以朱德熙（1985/2005：4）认为汉语句子的构造原则跟词组的构造原则基本上是一致的。

众所周知，印欧语的动词如果做谓语，必须要用谓语形式，也称限定形式（finite verb），而汉语与印欧语不同，汉语动词没有限定与非限定之分，如“你来”可以看作一个主谓短语，一般不能单说，但是在特定的语境中，它可以独立成句，表示“你来试试！”的意思[①]，而且也可以作为一个整句的组成部分，如“你来，我也来。”

3 汉语语言单位重新划分

3.1 语素为根本

在汉语基本语言单位上面，曾经有各种说法，如“词本位”说、“句本位”说、“词组本位”说和“字本位”说等等。本研究不想对汉语基本语言单位的各种本位说加以评述，但是如果从组合的角度看，语素才是汉语最基本的语言单位，因为它是构成汉语其他任何复杂结构单位的基础和起点，具有基础性作用。王洪君(2000)指出，对于“基本备用单位”来说，于英语，是次小的语法单位word，于汉语，是最小的语法单位语素。古汉语的语素是以单音节为主的，因此早期外国学者和中国学者都有认为汉语是单音节语的(高本汉 2015：9，陈承泽 1982：10)。而现代汉语的词是以双音节为主，是否就可以否定语素的基础性作用呢？我们认为，它不仅不能否定语素的基础性作用，反而还能够证明语素仍然具有基础性作用。首先，汉语的语素在语音上表现为一个音节[②](口语)，在文字上表现为一个汉字(书面语)，那么汉语所谓的双音节词，口语上就表现为两个单音节的组合，在书面语上就表现为两个字的组合，但是不管是两个音节的组合还是两个字的组合，它们都是两个语素的组合；其次，尽管现代汉语的词以双音节为主，但是并不代表双音节一定就是词，很多双音节组合仍然是短语，

---

① 如两个人想把一块石头挪一下地方，其中一个人挪不动，他对另一个人说：我挪不动，你来！

② 当然汉语中也存在一些所谓的双音节语素和多音节语素，前者表现为传统的连绵词，如“彷徨、蜘蛛、蜻蜓”等，后者表现为外来词，如“安乃近、歇斯底里”等。

如“大树、吃饭、错字、快走”等，这些短语就可以看作是两个语素的直接组合；最后，尽管现代汉语中的词以双音节为主，但是现代汉语中也存在大量的单音节词，一些日常生活常用的动词如“走、吃、看、写、说”等、形容词如“大、小、多、少、好”等、量词如“个、只、次、遍”等、代词如“你、我、他、这、那”等以及一些常用虚词如“从、在、把、被、啊”等。也就是说，现代汉语由于过分强调以双音节为主，反而忽视了单音节词或语素在现代汉语中的作用，应该承认现代汉语的词是以“单-双音节”为主（可以叫作双轨制，单双音节同等重要）。我们可以把现代汉语单音节语素看作一个显赫语法单位，一是因为它仍然有强大的组配能力，从近年的双音节新造词就可以看出它的造词能力，如“小三、给力、北漂”等，另一个原因是只要表意明确，能用一个语素表义一般就不会用两个语素表义，例如郭良夫（1988）认为“住院、出院”的“院”是“医院”的省称。郭良夫没有说明这种省略说法的动因是什么，我们认为“住院、出院”之所以会省称为“院”，一是因为汉语单音节语素仍然是一个显赫语法单位，二是因为汉语的双音节语素组（受制于双音韵律框架）也是汉语的一个显赫语法单位。双音节语素组可以促使原本双音节的词压缩为单音节的语素，如上面所举的“院”，类似的还有“给力”的“力”、“请客”的“客”、“送礼”的“礼”、“招生”的“生”、“查重”的“重”等，我们通常不会说“？住医院”、“给力气”、“请客人”和“招学生”等。双音节语素组的显赫地位还可以使汉语的一些复杂语言单位双音化，汉语中的一些简称略语就是这种双音化的产物，如“外交部长”简称“外长”、“家用电器”简称“家电”等。汉语双音节语素组的这种显赫语法单位还会使一些单音语素双音化，如称呼姓单音节姓氏“张”“王”的人为“老张”“小王”等，会在单音节的国家名称后加一个“国”字使之双音化，如美国、英国、法国等。双音节语素组的显赫范畴地位还体现为汉语构词法是以复合为主，吕叔湘（1962）

甚至认为“汉语构词基本上只有一个方式：复合”。刘丹青(2012)指出，所谓的显赫范畴，简单地说是在一种语言中既凸显、又强势的范畴。汉语的单音节语素和双音节语素组在汉语中根据需要既可以“一生二”（语素与语素组合）又可以“二合一”（语素组压缩）正好反映出二者在汉语语言单位中的显赫地位。因此，汉语的单音语素和双音节语素组都是汉语的显赫语法单位。正因为它们是汉语的显赫语法单位，所以它们对汉语语法具有制约作用。张斌、胡裕树(1989：276)指出，在现代汉语里，音节多寡影响语法形式。

汉语“字本位”说的倡导者之一徐通锵先生认为字是汉语语法的最小结构单位，并把我们所谓的双音节语素组称作辞或字组（徐通锵 2014：438－440）。我们觉得把两个语素的组合称作语素组比称作字组要好，原因有：一、汉语中很多字是多义的，它代表着不同的语素，说明字只是语义的载体（和语音一样），既然汉语文字属于语素文字（与音素文字和音节文字相对），把最小语言单位叫作语素也未尝不可；二是汉语中还有一部分字只表示音节，单独没有意思，只有和别的字组合以后才有意思，这种字组就是传统上所谓的联绵词，如蝴蝶、秋千、彷徨、叮咛等，把这样的字组叫作多音节语素就比叫作多音节字或字组要好①；三、语素本身没有多义问题，它是最小的音义结合体，最小的语言单位，只是承载语义的音或字可能还可以表示其他意义罢了。

3.2 两级还是三级

如果把语素看作汉语最小的、最基本的语言单位，那么汉语的语言单位可以重新分为三级：语素、语素组和句子。其中语素

① 徐通锵(2014)中对于二字组就有不同的叫法，一会儿叫作辞或相当于字的字组(374 页，438—439 页)，一会儿又叫作双音字(397 页)。不管叫作辞、字组还是双音字，徐先生还是忽略了二字组也包括他所称作字块的东西，因为二字组并非只是指传统上所谓的双音节词，也包括传统上所谓的双音节短语。

和语素组是静态的备用单位,而句子是动态的使用单位。把语言单位分为静态的备用单位和动态的使用单位应该不成问题,因为前辈学者大多数都是这么做的(方光焘 1939,张斌、胡裕树 1989,吕叔湘 1979/2007,朱德熙 1985/2005),但是关键是要搞清楚备用单位如何实现为或者转化为使用单位的。这个问题实际上已经牵涉到了汉语句子到底有没有限定与非限定的区别,下文我们将详谈,此处从略。关于汉语备用单位只分为语素和语素组两级,是否就解决了我们前文所谓的语素和词的纠葛问题以及词和短语的纠葛问题呢?我们认为虽说不一定彻底解决,至少可以部分解决,因为分为这两级语言单位的关键是抛弃"词"的概念①,既然没有"词"的存在,也就无所谓语素和词的纠葛以及词和短语的纠葛了。也许有人认为这是在逃避问题而不是在解决问题。我们认为关键的问题不是能不能抛弃"词"这个概念问题而是抛弃汉语"词"这一概念后对说明汉语语言单位的层级体系有何好处。首先,抛弃"词"这个概念肯定没有问题,一是因为一种语言中的一些概念恐怕很难在另一个语言中找到合适的对应物,印欧语系语言中的 word(词)这一级单位就是这一类的概念,它在汉语里没有确切的对应物(赵元任 2002)。Haspelmath(2011)也明确指出,没有一个好的标准可以给词下定义的,通过直觉标准、正字法标准、语义标准和音系标准给词下定义都是行不通的。那么用形态句法标准是否能够给词下定义呢?Haspelmath 讨论了潜在停顿(potential pauses)、自由出现(free accurrence)、移动性(mobility)、不可打断性(uninterruptibility)、非选择性(non-selectivity)②、非等同性(non-coordinatability)③、照应孤岛性

① 我们在谈论前辈学者的文章时仍然会用到"词"和"短语"这些概念。

② 非选择性指的是搭配受到一定的限制。

③ 非等同性指的是词缀不能进行等同删除,如意大利语 *Lo comprerà e lo indosserà alla festa*(她将买它并在晚会上穿它)中后一个 lo 不可以删除。

(anaphoric islandhood)[①]、非提取性(nonextractability)[②]、形态音系特异性(morphophonological isiosyncrasies)和偏离一对一(deviations from biuniqueness)[③]等十个形态句法标准,发现没有一个标准能够成为定义"词"的充要条件,不仅如此,这些标准相结合也无法给词下定义。Haspelmath 最后得出结论:我们现在还没有一个很好的基础用来区分形态和句法,因此语言学家在宣称参考跨语言的"词"概念时应当小心。也就是说"词"这个概念不具有跨语言的共性。既然这样,汉语抛弃"词"这一级语言单位不会也不应该影响人们对汉语语言单位的划分与分析。其次,对于语素这一级语言单位,以前所谓的"自由"与"粘着"的区分或"成词"与"非成词"的区分还要不要?我们认为以前所谓的语素与词的纠葛,其根本原因就是语言的历时发展问题,吕叔湘(1962)已经说得很清楚了,即汉语语法演变的趋势是越来越多的单字不能单用,可是并没有让一切单字在一切情况下都不能单用。也就是说,汉语语素这一级单位可以分为自由语素(相当于传统的单音节"词")、非自由语素(相当于传统的构词语素)和介于二者之间的半自由语素,三者形成一个非离散的连续统:

自由语素	→	半自由语素	→	非自由语素
人、山		误、院		辉、惶

对于语素组这一级单位,我们可以再分为凝固式(相当于传统的双音节"词")、半凝固式(相当于传统的离合词)和非凝固式(也可叫松散式)(相当于传统的短语或词组),三者也呈现出一种非离散的连续统:

---

① 照应孤岛性是指,词是一个孤岛,它可以有复指成分,而词的组成部分不可以有复指成分。

② 非提取性指的是词可以提取充当话题,而词的内部成分不可以这样提取。

③ 偏离一对一指的是形式和意义之间的关系不是一一对应的关系。

凝固式语素组 → 半凝固式语素组 → 非凝固式语素组
总理、司机 洗澡、游泳 喝水、做饭

从语言发展的角度看，汉语的词不过是短语的凝固罢了（新造词除外），但是在凝固和非凝固之间，我们很难一刀切。吕叔湘（1979/2007：20）认为“有没有专门意义”只有参考价值，而我们认为在汉语中判断是不是一个凝固式语素组，“有没有专门意义”实际上是一个很重要的标准，有专门意义的往往会收录到汉语字典或词典中，而没有专门意义的则无须收录，凭借规则类推的“鸡蛋、鸭蛋、鹅蛋、鸟蛋”等没有必要全部收录到词典中。以前为了解决汉语词和短语的纠葛问题，汉语学界还曾提出过“语法词”和“韵律词”的问题，我们认为认识到凝固式语素组和非凝固式语素组之间是一个非离散的连续统，也就无须创造语法词和韵律词来调和二者之间的矛盾了。

最后，再来看看自由语素和凝固式语素组之间的关系。传统研究通常把它们都称作词。既然本研究抛弃了“词”这一级语言单位，那么该如何看它们之间的关系呢？这实际上又牵涉到一个问题，就是汉语的语素都是单音节的吗？首先，由于汉语中存在一些无意义的音节（或字）和外来词，所以汉语中存在双音节语素或多音节语素。汉语中的凝固式语素组在语言中发挥着语素的功能，可以用于构造新的语素组（如“狐狸”和“尾巴”可以构成“狐狸尾巴”），从这个角度看，汉语的凝固式语素组也可以看作汉语的双音节语素或多音节语素。这样似乎又带来了新的问题，即语素和语素组二者界限发生混淆，其实不然，这正体现了语言动态发展的状态，即“一生二”“二合一[①]”。打一个不是十分恰当的比

① 这里的“二合一”是指两个语素重新整合为一个相当于语素的单位，与前文中的“二合一”不同，前文中的“二合一”指的是两个语素在双音韵律框架下被压缩为一个语素。

喻，汉语的两个语素就相当于一对准备结婚的青年男女，他们结婚组建家庭就相当于两个语素组成语素组，由于两个人都是独立的自然人，因此他们二人的结合可以看作是非凝固式的语素组，但是他们爱的结晶“小宝宝”，可以看作是凝固式的语素组，由于小宝宝也是一个独立的自然人，从这个角度看，他和他的爸爸妈妈的地位一样，又是一个新的语素。也就是说，不管是语素组成语素组还是语素组重新固化形成一个新的语素，二者之间的界限还是明确的[①]，不必担心它们之间会产生新的纠葛。

因此，汉语的备用语言单位实际上只有两级，语素和语素组。只要语义自足，汉语的语素和语素组都可以实现为句子，具体讨论见下文。

3.3 语用化

从汉语的词、词组和句子的构造模式基本一致这一角度看，一般认为汉语“造词即造语”是正确的，没有问题，即造词的方式与造语的方式一致，但是从词和词组是备用单位而句子是使用单位来看，则“造词即造语”有混淆语言单位之间界限的嫌疑，词并不等于句子。“造词即造语”过于强调词与句子之间的一致性而忽略了二者之间的性质差异。朱德熙(1985/2005：75)认为，只有词和词组之间是组成关系(词组是由词组成的)，词组和句子之间则是一种实现关系，可图示如下：

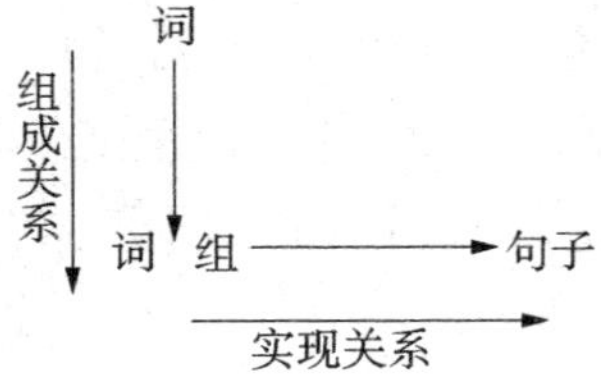

① 当然这里的界限明确还是相对的，凝固式语素组(相当于一个新的语素)和非凝固式语素组之间的界限是明确的，但是半凝固式语素组就是介于二者之间，从而导致三者之间的界限又不是十分清晰。

我们认为提出组成关系和实现关系是朱德熙先生的创见,但是上图有一个问题值得注意,就是给人的感觉只有词组才能成句,而词不能成句,这又不符合汉语实际,因为汉语中有大量独词句的存在,如:

(11) 票!

(12) 好!

(13) 加油!

张斌、胡裕树(1989:73)称上述例(11)—(13)中的句子为非自足句,并且认为理解非自足句的意义,须凭借言语环境。他们还指出,句子不一定具备主谓两项,具备主谓两项的也不一定是句子,**况且,汉语的动词没有定式与非定式的区别,什么才算是句子的主谓关系也就难以确定**(原文加粗,笔者注)。他们举例说:单说“鸡叫”能不能成为句子呢?在通常的情况下,它不是一个句子,但是,在一定的言语环境之下,却可以成句。比如,有人问“什么东西在叫”,回答说“鸡叫”,这是一个无可非议的句子。我们赞同以上的分析,笔者也想到一个例子:单说“你来”似乎不成句子,但是在一定的言语环境下,如有人说“这张桌子我搬不动,你来(试试)!”或“你来,我就来”。这时候“你来”完全具有句子的地位。正是由于汉语动词没有定式和非定式的区别,因此在判定语素、语素组是否实现为句子时确实存在一定的困难,但是困难归困难,毕竟二者是不同性质的语言单位,语素、语素组是备用单位,句子是使用单位,那么就有必要探讨备用单位实现为使用单位的手段到底是什么。我们认为汉语学界早期关于完句成分的研究就是这方面的有益探讨,如孔令达(1994)、黄南松(1994)、贺阳(1994)、金廷恩(1999)、李泉(2006)等。曹道根(2018)认为,汉语缺少按形态和句法来区分限定和非限定①的证据,但是从功能

---

① 这里的“限定”“非限定”就是张斌、胡裕树(1989)所谓的“定式”“非定式”。

意义上的限定范畴来看，汉语存在语义限定和非限定区分。汉语的语义限定性问题和完句性问题可以归并，两者都可以从语句所述情景的时空定位或者事件类型的个体化来加以探讨。汉语事实表明，作为人类语言共性的限定性范畴不是语法限定性，而是语义限定性。我们认为光说汉语存在语义限定性，如果找不到形式验证是很难令人信服的。李泉（2006）总结出来的完句成分，根据语法范畴概括起来分为十个类型：

一、时体范畴：动态助词，结构助词，时频副词（正在、立刻、常常……）；

二、语气范畴：语气助词（……了、呢），语气副词（也许、幸亏、好在……）；

三、程度范畴：程度副词、程度补语（……极了、……透了）；

四、数量范畴：范围副词、量词、数量词、时量补语；

五、方所范畴：方位词、方位短语，时地状语（在食堂……、给家里……）；

六、情态范畴：情态副词（暗暗），方式副词（就手），助动词，方式状语（好好）；

七、趋向范畴：趋向补语、虚化助词（……起来、……下去）；

八、结果范畴：结果补语（……见/懂/完/上/光/净/好/会/到/大）；

九、指代范畴：人称代词、指示代词，疑问代词；

十、关联范畴：关联副词、关联词语、介词短语。

我们认为其中的数量范畴、方所范畴、趋向范畴、结果范畴、指代范畴、关联范畴都不能看作真正意义上的完句成分，因为这些范畴的有无，主要在于表义上是否自足，无论什么句子，如果表义不清就无法进行正常的交际。下面例子引自李泉（2006）：

（14）＊盛碗里鱼→盛碗里两条鱼

（15）＊在这个问题我们有矛盾→在这个问题上我们有矛盾

(16) *把我们冻了→把我们冻坏了

(17) *谁听话妈妈就喜欢→谁听话妈妈就喜欢谁

(18) *他俩一边走路,说话→他俩一边走路,一边说话

因此,真正的完句成分是指语义自足的结构成分(包括语素和语素组)带上它们以后就可以成为动态的交际单位或使用单位。在我们看来,实际上只有两类:时间性成分和主观性成分。我们日常交际中说出的每一句话,实际上都是在特定时空中发生的,因此真正交际中使用的每一句话都是与现实发生联系的。正如曹道根(2018)所言,语句中的名词短语和动词短语所指都需要在语境中获得安置;事物是一定语境中的事物,事件是一定时空中的事件。但是汉语和印欧语不同,印欧语尤其是英语,名词入句往往要带上限定词,如冠词(a、the)、指示代词(this、that等)、不定代词(both、all、some、every等)、物主代词(his、her、my等)等等,而汉语名词无须强制性地带上这些成分,我们(吴怀成2016)把名词入句带上限定词叫作名词的指称化,并且认为不同语言的名词在指称化上存在差异。同理,汉语动词在入句时尽管没有像印欧语那样需要限定式,但是既然有所谓的完句成分的存在,我们认为汉语动词在入句时带上完句成分的过程叫作陈述化,同样,不同语言的动词在陈述化上也存在差异。汉语动词的陈述化主要表现为句子中带上时间性成分和主观性成分,例如:

(19) *王红回来。→王红明天回来。

(20) *王红回来。→王红回来过。

(21) *王红回来。→王红回来了。

(22) *王红回来。→王红应该回来。

(23) *我好。→我很好。

(24) ? 他打篮球。→他是打篮球/他会打篮球/善于打篮球。

上面例(19)—(21)中的"明天"、"过"和"了"属于时间性成分,而例(22)—(24)中的"应该"、"很"、"是"、"会"和"善于"属于

主观性成分。在问答的语境中，如上面所举的“鸡叫”例，还有在对比的语境中，如“外面冷，屋里热”等，这些特殊语境中往往不带时间性成分和主观性成分，句子也能成立。再比如，你问：他打不打篮球？回答：他打篮球。“他打篮球”又可以成为一个正常交际的句子了。因此，可以说汉语动词入句时的陈述化程度很低。汉语句子中的时间性成分、主观性成分和交际语境等可以说都是对句子的述谓结构和句基作出足够的语用标示（pragmatic specification），由于时间性成分和主观性成分不具有句法强制性，只是起到加强备用单位与现实之间的联系作用（时空定位和言者态度），因此它们本质上属于语用成分。所以，我们认为汉语的陈述化本质上属于语用化，时间性成分和主观性成分则是汉语句子的语用化手段，它们也就是朱德熙（1985/2005）所认为的汉语词组实现为句子的实现手段①。

通过以上讨论，我们认为只要汉语的语素和语素组在语义上自足，在特定的语境中或带上时间性成分和主观性成分就可以语用化为动态的交际单位或使用单位。可以图示如下：

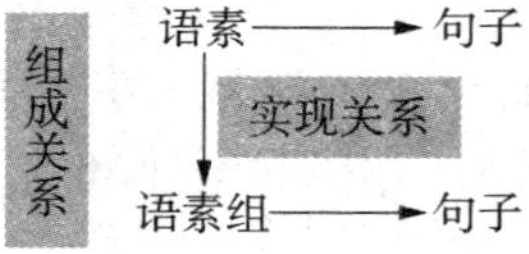

4　结语

由于汉语以往研究比附印欧语把汉语的语言单位也分为四级：语素、词、短语和句子，造成汉语语素与词之间界限不清、词与词组（短语）之间界限不清以及词组（短语）和句子之间界限不清，给汉语语法体系造成一定的混乱，也给汉语教学带来一定的麻

① 汉语中时间性成分和主观性成分的具体表现形式有哪些，值得进一步探讨。

烦。本研究认为应该着眼汉语实际，把汉语的语言单位分为三级：语素、语素组和句子。其中语素和语素组之间是组成关系，而语素和语素组都可以通过添加时间性成分或主观性成分实现（语用化）为句子。

把汉语语素分为自由语素、半自由语素和非自由语素以及把汉语语素组分为凝固式语素组、半凝固式语素组和非凝固式语素组也体现了认知语言学的范畴观，即事物与事物之间属于非离散性的连续统，"一刀切"式地分析汉语必将面临重重困难。汉语的备用单位实现为使用单位主要靠添加时间性成分和主观性成分，它们的功能都是为了给述谓结构和句基作出语用标识。由于这些成分都不是强制性成分，在特定的语境中它们可以不出现，因此汉语动词没有句法语义限定性，只有语用限定性。

附录 2：音节奇偶、句子骈散和对言语法[①]

1　引言

以习近平同志为核心的党中央提出的“文化自信”是“四个自信”（道路自信、理论自信、制度自信、文化自信）的重要内容之一，而作为中国文化的重要载体之一的汉语，目前不仅是世界上使用人口最多的语言，而且很多国际组织也把汉语作为官方语言，很多国家还把汉语作为第二外语来学习，但是汉语研究至今似乎没有与时俱进，仍然在西方语法理论的框架中打圈圈，模仿印欧语理论来研究汉语之风丝毫没有减弱。当我看到小学语文教师教授孩子给短文分段并找出每段中有几个句子时，对于我这个多年从事汉语语法教学的高校教师来说，心里感到十分沮丧，感觉这么多年来，我所教授的汉语语法，根本不是汉语语法，而是英语语法，是用汉语的例子来讲英语语法。正因为汉语语法研究成果对中小学语文教学似乎没有多大的用处，所以多年以来我国中小学语文教学是偏重文而轻视语的，逐渐淡化汉语语法。对于中国学

---

① 本文的写作得到沈家煊先生的指正，谨致谢忱，文责自负。

生来说，即使不学习汉语语法，他们也会说汉语，也会组词造句，这是事实，但关键的问题是，为何中小学语文教师对汉语句子的理解与汉语语法学界所谓的专家理解差距是那么大呢？下面是华东师范大学出版社出版的一年级语文(第二学期)《上海名校名卷》中的一篇阅读理解：

画画

星期天下午，我坐在阳台上画画。

我先用绿色的水彩笔在纸上画了一片森林。森林碧绿碧绿的，树木长得非常茂密。我又在森林的上方画上湛蓝的天空。天空中还飘荡着一朵朵洁白的云。接着，我在森林里画了几只小鸟，黄黄的羽毛，尖尖的嘴巴，很有趣。

最后，我给图画取了个名字：小鸟的家。

阅读完上面短文，要求学生回答：短文一共有几个自然段，第二个自然段有几句话？

答案是：一共有3个自然段，第二个自然段有5句话。这里需要指出的是，中小学语文断句和语言学专家断句也许都会根据标点符号，也就是句号，这一点也许是一致的，但是对上面句子的分析则会大相径庭。对于第二段中的第二句话，小学教师的分析一般就是“对森林和树木的描写，森林是碧绿色的，而树木很茂密”，而对于语言学专家可能会说“这是一个复句，由两个小句组成，两个小句都是主谓句，二者是并列关系”。同理，对于第二段最后一句话，小学教师的分析可能是“此句先叙述，然后再描写，最后是评价心理感受，按照逻辑事理来展现作者画小鸟时的心理感受”，而对于语言学家来说，分析可能是“这是一个多重复句，分别由四个小句组成，一个主谓句和三个非主谓句，第一层切在‘很有趣’前，前后分句之间是因果关系，第二层切在‘小鸟’后面，前后分句是顺承关系，第三层切在‘羽毛’后面，前后分句是并列关系”。

通过上面的分析比较，两种分析方法孰优孰劣，立马可断。

语言学家的分析，纯粹是按照结构主义语言学的析句方法——层次分析法，对语言单位作机械的形式分析，忘记了语言是人类最重要的交际工具，语言贵在使用，我们必须会使用语言来表情达意，舍弃此目的，语言分析就等于行尸走肉，这也许是中小学语文教学中淡化语法教学的根本原因，即不实用。

再往深层次去追究原因，则是汉语语法研究存在印欧语眼光，徐通锵(2014:15)认为，所谓"印欧语的眼光"，其核心内容是"主语-谓语"的结构框架以及和此相联系的名词、动词、形容词的划分。因此，要摆脱汉语语法研究的印欧语眼光，就必须从汉语语言事实上去挖掘汉语自身的根本特点。本研究尝试从汉语基本语言单位的性质出发，来探讨汉语句子的根本特点，希望汉语语法研究对中小学语文教学起一定的参考作用。

2 汉语基本词汇的节律性质

2.1 在汉语研究史上，对于汉语基本语言单位的认识也是众说纷纭，有句本位、词组本位、字本位、语素本位、小句本位和复本位等(潘文国 2002:51)。其中，潘文国(2002)和徐通锵(2008)是近年来字本位理论的杰出代表。我们是支持字本位理论的，因为汉语和汉字的关系不像西方语言那样口语和书面语完全地对立，现代语言学之父瑞士著名语言学家索绪尔就认为：对汉人来说，表意字和口说的词都是观念的符号，在他们看来，文字就是第二语言(索绪尔 2002:51)。

2.2 为了打破用印欧语眼光研究汉语，中国社会科学院著名语言学家沈家煊先生分别于 2016 年和 2019 年出版了两本专著《名词和动词》和《超越主谓结构——对言语法和对言格式》。前者针对印欧语的名动分立，提出汉语名动包含说，认为汉语动词也是名词，是一种动态名词，这就是关于汉语词类的大名词观；后者针对印欧语“主语＋谓语”才能成句，提出汉语句子是两个指称语并置观，认为汉语是以对言格式为主干的语法。

2.3 沈先生提出的大名词观和对言语法理论，体现出汉语学者的文化自信，认为用西方语言理论是无法解释汉语语言现象的，沈家煊(2018)明确反对汉语语法研究中存在的比附现象，比附研究实际上就是用印欧语眼光来研究汉语。对于沈家煊先生努力打破汉语语法研究中存在的唯洋理论马首是瞻，我们是非常赞赏。自从沈先生提出的“对言语法”理论以来，笔者听到一些不同的反对声音，比如有人说汉语并不都是骈体文，并不都是对偶性话语，也有人说现代的人难道还能说古代人的话，对言语法对于原始汉语也许合适，对于现代汉语恐怕不合适等。我们认为，一种新的学术观点刚刚提出来时，受到各种质疑是正常现象，但是我们不能曲解原作者的意思。沈先生提出的对言语法，其中的“对言”不仅有对偶、对称等含义，也有对话和应对之含义等。实际上沈家煊先生认为对言格式是主干，散体文是在对言格式的基础上变化而成(私人通信交流)。

2.4 众所周知，在汉语词汇发展史上出现了所谓的“双音化”现象，即古汉语词汇以单音节为主，现代汉语词汇以双音节为主，如古代的“目”“鼻”“耳”，现代分别叫作“眼睛”“鼻子”和“耳朵”。正是由于我们过分强调现代汉语词汇以双音节为主，往往使我们忘记了汉语本质上属于单音节语。无论是过去还是现在，始终有一些学者主张汉语是单音节语，如高本汉(2015：9)、陈承泽(1982：：10)、张世禄(1983：32)、潘文国(2002)、申小龙(2019：447)等，主要是因为汉语的字是集音形义于一体，即使双音化以后，每个汉字仍然保留一定的独立性。申小龙(1990：：4)就指出：一般认为汉语词汇的发展是双音节化的，可是据近年电子计算机的统计，在日常生活用语中单音节词的出现率占61%，像“你不是有一支很好的笔了吗”这句话里12个词全是单音词。

2.5 我们口说的是一个一个音节，写出来就是一个一个汉字。既然汉语是单音节语，那么字就是汉语的基本单位（从意义上讲，也可以说“语素”是汉语的基本单位），那么汉语的单字和二字组就是汉语的静态的造句单位，程雨民（2003：5－6）就认为“语素和固定的语素组合构成汉语的词汇”。由于汉语的基本造句单位在音节上表现为奇偶性（奇为单音节，偶为双音节），因此汉语造句单位组合起来组成更大的造句单位词组或短语也呈现为奇偶性，主要有以下一些格式：

1＋1：书展、大事、粮库、买菜、种树、快走

1＋2：看电影、踢足球、印文件、查记录、党代表

2＋1：切菜刀、打狗棒、恐怖片、复印件、吃饱饭、喝醉酒

2＋2：种植大蒜、复印文件、重大事件、狐假虎威、雨过天晴、东倒西歪

此外，郭绍虞（1985：74－75）指出，利用单音节语词演化为复音的倾向，利用复音语词之单音化的特质，于是语言文字之不调协性遂归于调协，而文学作品中遂很显著地表现着语词之弹性作用了，如“太守归而宾客从也”“太守与客来饮于此”“觥筹交错，起坐而喧哗者，众宾欢也”诸句中的“宾客”“客”“宾”根据表达需要而选择单音或双音，虽然表现出一定的制约限制，但是这种单音字和双音字之间可以弹性变化，正好也说明汉语基本词汇具有奇偶性。如果说这里举的单双音节转换之例属于古汉语例子，而实际上现代汉语也存在这种现象，例如：

(1) a. 请客人进来吧。

b. 今天我请客。

(2) a. 今天加班，我就住医院里了。

b. 他住院已经有半个月了。

(3) a. 送礼物，太重送不起，轻点又拿不出去。（人民日报，1996 年 2 月）

b. 在太原，老百姓都知道，没人敢给贾市长送礼。（人民日报，1993 年 11 月）

（4）a. 学校应该挖掘教学潜力，多招学生，但是不要因此而降低教学质量。（《邓小平文选 1》）

b. 为什么要直接招生呢？（《邓小平文选 2》）

2.6 汉语语法学界有两位学者都提出过“词组本位”说，一位是郭绍虞（1979），另一位是朱德熙（1985）。尽管潘文国（2002：64）认为这两种词组本位观不完全一致，前者强调词组的枢纽以及“音句”的作用，后者强调词组的下位分析及与句子的“实现”关系，但是在强调词组在汉语中的重要地位方面，二者显然是一致的。如果说汉语句子的组织模式是“由句读段按特定表达功能的时序铺排和事理铺排流动而成”（申小龙 2019：457），由于汉语造句的基本单位具有奇偶性，因此由它们构成的词组或短语（也就是申小龙所谓的“句读段”）也具有奇偶性，那么由词组或短语按照时序或思维顺序铺排起来构成的句子，如果构句语块结构对偶、对仗（字数相等）则是骈句，如果构句语块结构不对偶、不对仗（字数不相等），则是散句，因此，汉语句子总体上既有骈句也有散句，具有骈散二重性，这正是本研究下一节要讨论的问题。

3 汉语句子的骈散和对言语法

3.1 对于什么是汉语的句子，一般认为是汉语最基本的交际单位，与词和短语这种备用单位相对，句子属于动态的使用单位。申小龙（2019：450）认为，中国古代语言学没有句子（sentence）的概念，但有“句”的概念，并且指出，“句”和“句子”的最大的不同在于“句子”是一个以动词为中心组织起来的切割性和自组织性很强的单位，而“句”是一个以语言声气为依托的节律单位，其本质不在形式逻辑，而在辞气畅达。本研究所谓的句子，就是汉语传统所谓的“句”（与“读”相对），是语义完整的一句话，可能包含几处有语音停顿的词组（传统叫“句读段”或音句）。

3.2 我们赞同申小龙（1990：：42）的观点，认为汉语句子的脉络不像印欧语的句子那样是靠主语和定式动词配合成主要间架来构造的，而往往是靠词组的铺排来体现的，形成独特的流水句格局……汉语的句子没有形式上的固定标志，而是在内容上说完一件事就是一个句子。英语句子是动词控制的叠床架屋式的空间型句子，而汉语句子则是词组铺排控制的环环相扣的时间型句子。这种环环相扣，有两种基本形式，一种是并置，一种是递系（参见沈家煊 2021）。

3.3 用机械的结构主义分析方法，分析汉语流块建构的句子，往往显得苍白无力。上文引言中所举的两例已经可以说明问题了，这里再举几例：

（5）那周瑞家的又和智能儿唠叨了一回，便往凤姐处来，穿过了夹道子，从李纨后窗下越过西花墙，出西角门，进凤姐院中。（《红楼梦》）

（6）浸过水的青菜不能要，分量重，烧不烂，样子好看，都是骗骗你们这种洋盘的。（陆文夫《井》）

（7）嘴甜心苦，两面三刀，上头笑着，脚底下就使绊子，明是一盆火，暗是一把刀，他都占全了。（《红楼梦》）

上面三例，如果按照结构主义语言学的析句方法，都会分析为多重复句，既麻烦又不实用，而从汉语本身特点来分析，实际上非常简单。例（5）说明发生在“周瑞家的”身上的一连串的事情，因此 6 个动词性词组（又和智能儿唠叨一回、便往凤姐处来、穿过了夹道子、从李纨后窗下越过西花墙、出西角门、进凤姐院中）按照时间顺序铺排而形成一句话，整个句子属于事件句；例（6）是一个评议句，后面 5 个词组（不能要、分量重、烧不烂、样子好看、都是骗骗你们这种洋盘的）都是对“浸过水的青菜”的一种评论，这 5 个词组虽不是按照时间顺序铺排而成，但是却是按照说话人的思维顺序铺排而成；例(7)也是一个评议句，与例(6)不同的是，例(6)的话题单一，而评说语则由5个词组按照思维顺序并置而成，例(7)的话题则由6个词组(嘴甜心苦、两面三刀、上头笑着、脚底下就使绊子、明是一盆火、暗是一把刀)按照思维顺序并置而成，而评说语却由单个词组以总结的方式煞尾。

3.4　“四字格”是汉语中一种独特的语汇，汉语中存在大量的成语自不必说，汉语中还存在大量的四字格(也有人称作固定词组、固定短语、固定结构、四字词组、四字短语、四字语、四言格等)，如“乱七八糟”“东倒西歪”“大吃大喝”“爱理不理”等。汉语四字格是汉语造词突破单字以后(“六书”造词都是控制在一个字的范围内)，由一生二，由二生四的必然结果。因为汉语双字才可以成为一个节奏单位，才显得稳定，四字格不仅满足节奏稳定方面的要求，而且言简意赅、表义丰富，也满足人们交际需要。近年来不仅有学者编写了《汉语四字格字典》(姜德梧2000)，还有一些学者对四字格研究产生了浓厚的兴趣，如潘文国(2002：258－262)、沈家煊(2019a)、申小龙(2019：267－318)、周韧(2019)等。沈家煊(2019a)从四字格看到了汉语三维对称构造和动态链接构造，申小龙(2019)从四字格看到了中文建构中的骈散二重性，这都说明汉语四字格是非常重要的一级语言单位。四字格的广泛使用可能是造成汉语骈句大量使用的原因。

3.5　汉语的散句也是对言。沈家煊(2019b)认为双音节词是二字对(1＋1)，四字格是四字对(2＋2)，从字组放大到语篇，通体成对言格局，这叫“对言同构性”。如“老-骥”“伏-枥”是二字对言，“老骥-伏枥”“志在-千里”“烈士-暮年”“壮心-不已”都是四字对言，而“老骥伏枥-志在千里-烈士暮年-壮心不已”就是语篇对言。汉语的骈体文用西方语法理论来分析，自然会遇到很多麻烦。你说“老骥伏枥，志在千里，烈士暮年，壮心不已”是一句话呢，还是四句话？不管是一句话也好还是四句话也好，它们的主语和谓语又是什么呢?

因此,沈家煊先生提出的“对言语法”理论,可以很好地分析汉语的骈体文。正因为对汉文化的自信,汉语学者才会提出与西方语法理论不同的,符合汉语实际的本土理论。但是汉语日常会话也并非都是骈体文或骈句,我们认为汉语的散句同样适合用对言语法理论加以分析。例如:

(8) a. 抬起头,往前走。

　　b. 往前走,就要到家了。

(9) 买一个书包又不花几个钱。

(10) 梅瑞买了一对玉镯。

上面的例(8a)可以看作是骈体文或骈句,用对言语法理论分析没有问题,而例(8b)就属于散句,同样可以用对言语法理论进行分析,只是两个相对的成分没有像(8a)那样形成对偶、对仗而已。(8a)是正对,(8b)是偏对,正对、偏对都是对言。例(9)主语是“买一个书包”,谓语是“又不花几个钱”,二者也是一个对言格式,即沈家煊(2019b:150)所谓的指语对。沈家煊(2020)指出,“你一言,我一语”是对言句,而例(10)是一般所谓的主谓句,并认为如果我们尊重汉语流水句具有可断可连性这些事实,那么例(10)这句话就可以有8种断连方式。其中“梅瑞买了,一对玉镯”就是一种断连方式,我们如果按照对言语法理论进行分析,完全可以把“梅瑞买了”看作主语,“一对玉镯”看作谓语,同样也可以把这种主谓结构看作指语对。

周韧(2019)指出,在汉语韵律语法现象当中,常常展现音节计数的特点。由于汉语基本语言单位是单音节的汉字,属于“奇”,汉语的凝固式的二字组(传统语法中所谓的双音节词)在表义上与单个汉字的功能一样,属于“偶”,因此这种音节的奇偶性必然导致词组组合上的奇偶性,这些词组在铺排造句时,如果前后词组在音节数上一样,就呈现出骈体文色彩,如果前后词组在音节数上不一样，就呈现出散体文色彩，但是不管怎么样，汉语句子自然就具有骈散二重性。汉语句子无论是骈句还是散句，都可以用对言语法理论加以分析。

3.6　散是一种特殊的骈。上一节我们认为散句也是对言，已经表明散句是由骈句发展而来，骈句是正对，散句是偏对，偏对由正对变化而成，变化手段主要有：一、单双音节弹性变换，如例(11)、(12)(也可见上文例(1)—(4))；二、衬字和虚字可加可不加，如例(13)、(14)；三、流水句可断可连，如例(15)、(16)。

(11) a. 洞里面很阴冷。(正对)

b. 洞里很阴冷。(偏对)

(12) a. 我中午吃面条。(正对)

b. 我中午吃面。(偏对)

(13) a. 说也白说。(正对)

b. 说了也白说。(偏对)

(14) a. 快点来呀！(正对)

b. 快点来！(偏对)

(15) a. 我爱看，小说书。(正对)

b. 我，爱看小说书。(偏对)

(16) a. 我，头戴宽边草帽，脚上穿着拖鞋，一条毛巾挂在，身后的皮带上，让它像尾巴似的，拍打着我的屁股。(下句重新标点，正对)

b. 我头戴宽边草帽，脚上穿着拖鞋，一条毛巾挂在身后的皮带上，让它像尾巴似的拍打着我的屁股。(余华《活着》，偏对)

沈家煊(2019：208)通过把一段散句改为骈句，说明骈句相较散句来说，可能更具有根本性。原来的一段散句是[①]：

---

① 该段散句来源于启功(2018：19)。

今天我来谈一个问题,就是汉语语法方面的事。汉语语法的问题太广了,从何说起呢?我要说的只是古代汉语中的一部分语法问题。

改为骈句如下:

今天我来,谈个问题。什么问题?汉语语法。汉语语法,范围太广,从何说起?我要说的,只是关于,古代汉语,而且只是,部分问题。

清儒李兆洛、孙德谦等都主张“骈散合一”(张作栋 2007、张作栋、袁虹 2011),但是李兆洛强调“骈散同宗”,而孙德谦则强调“寓散于骈”。但是清儒的“骈散合一”思想为的是调和骈散之间的矛盾,没有认识到二者之间的本源与派生之间的关系。我们认为散是一种特殊的骈,就是指“骈”是根本、本源,而“散”则是骈派生而来。骈是本源,不仅是因为对言本质上就是对话,而且还与汉民族的藕性思维有关。汉民族的藕性思维在汉语名言警句中表现尤为突出,如“吃一堑,长一智”“人往高处走,水往低处流”“你敬我一尺,我敬你一丈”“路遥知马力,日久见人心”等等。这种骈散包含关系,也符合中国传统哲学上所谓的“天人合一”“体用不二”“有生于无”“物犹事也”等“甲乙包含”的哲学范畴观(沈家煊 2017)。骈就是对仗、对偶、平行格式的话语,是正对,散就是非对仗、非对偶、非平行格式的话语,是偏对。但是不管是骈还是散,是正对还是偏对,它们都是对言,散只是骈的一种特例罢了。

因此,骈和散的关系可以图示如下:

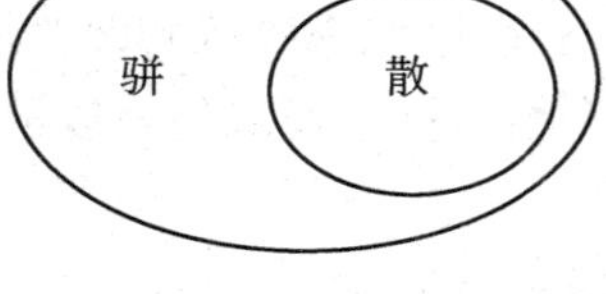

骈与散的关系

由此可见,对言语法理论是符合汉语实际的语法理论,是中国学者根据汉语自身特点和中国人的思维习惯(藕性思维)提出的具有中国特色的语法理论,必将对世界语言研究献出中国人的智慧。

4 结语

本研究通过对汉语基本词汇的奇偶二重性和汉语句子的骈散二重性的讨论,认为二者具有同构性,汉语基本词汇的节律性质决定了汉语句法的结构性质。沈家煊先生提出的对言语法理论,不仅可以对汉语骈句进行分析,也可以对汉语散句进行分析。骈句是正对,散句是偏对,但是它们都是对言格式。下面这首童谣全部用骈散句交错的方式写成,用对言语法理论分析明显比用西方语法理论中的主谓结构和层次分析法来分析要强得多。

跳房子①

小棒子,细又长,
黄土地上画瓦房。
小瓦片,四方方,
我和伙伴来跳房。
房子宽,房子长,
房间大小不一样。
左一跳,右一跳,
好像青蛙跳水塘。
你也跳,我也跳,
跳得西山落太阳。

最后,我们用引言中的一句话的分析作为文章的结束语。

---

① 该童谣引自曹文轩、陈先云(2018:8)。

"我在森林里画了几只小鸟，黄黄的羽毛，尖尖的嘴巴，很有趣"，该句就具有骈散二重性，"黄黄的羽毛，尖尖的嘴巴"是骈句，其余是散句。"我在森林里画了几只小鸟"可以看作是"我在森林里画了"与"几只小鸟"两个指称语构成的"对言"，一个是"起指语"，一个是"续指语"[①]。而后一个续指语"几只小鸟"同时构成了"黄黄的羽毛，尖尖的小嘴"这一续指语的起指语。同理，"很有趣"这个续指语，既可以把"黄黄的羽毛，尖尖的小嘴"看作起指语，也可以把前面整个部分看作起指语，因为到底是小鸟很有趣，还是小鸟的特征很有趣，还是画小鸟这件事很有趣，实际上是很难说清楚的，这才是真正的汉语。言不尽意，只可意会不可言传！

---

① "起指语""续指语"二者构成一个"指语对"，即两个指称语并置成对，在前的叫"起指语"，在后的叫"续指语"(参见沈家煊 2019b:150)。

参考文献

中文文献：

[美]Goldberg，Adele E. 著，吴海波译　2007　《构式：论元结构的构式语法研究》，北京：北京大学出版社。

[瑞典]高本汉著，张世禄译　2015　《中国语与中国文》，太原：山西人民出版社。

[瑞士]费尔迪南·德·索绪尔著，高名凯译　2002　《普通语言学教程》，北京：商务印书馆。

[英]戴维·克里斯特尔编，沈家煊译　2000　《现代语言学词典》（第四版），北京：商务印书馆。

蔡淑美　2013　汉语中动句的研究现状和发展空间，《汉语学习》第5期。

蔡淑美　2015　汉语中动句的语法化历程和演变机制，《语言教学与研究》第4期。

蔡淑美、张新华　2015　类型学视野下的中动范畴和汉语中动句式群，《世界汉语教学》第2期。

曹宏　2004a　论中动句的层次结构和语法关系，《语言教学与研究》第5期。

曹宏　2004b　论中动句的句法构造特点，《世界汉语教学》第

3 期。

曹宏 2004c 论中动句的语义表达特点,《中国语文》第 3 期。

曹宏 2004d 中动句对动词形容词的选择限制及其理据,《语言科学》第 1 期。

曹道根 2018 再论汉语是否有限定和非限定区分,《当代语言学》第 1 期。

曹思海 2009 《醒世姻缘传》中“把”、“被”同现句略考,《语文学刊》第 12 期。

曹文轩、陈先云主编 2018 《读读童谣和儿歌》(一年级/下册(二)),北京:人民教育出版社。

曾立英 2004 关于“及物性”的思考,《三峡大学学报》(人文社会科学版)第 1 期。

曾立英 2009 《现代汉语作格动词研究》,北京:中央民族大学出版社。

陈昌来、胡建锋 2003 带受事成分的不及物动词的考察,《语言教学与研究》第 3 期。

陈承泽 1982 《国文法草创》,北京:商务印书馆。

陈亚川、郑懿德 2000 《吕叔湘著〈汉语语法分析问题〉助读》,北京:语文出版社。

程雨民 1979 《汉语字基语法》,上海:复旦大学出版社。

邓守信著,侯方、邹韶华、侯敏译 1983 《汉语及物性关系的语义研究》,哈尔滨:黑龙江大学科研处。

丁声树等 1961/2004 《现代汉语语法讲话》,北京:商务印书馆。

范晓等 1987 《汉语动词概述》,上海:上海教育出版社。

方光焘 1939 体系与方法——评东华先生的总原则,《语文周刊》第 28 期,载入《方光焘语言学论文集》,江苏教育出版社,1986。

冯春田 2000 《近代汉语语法研究》,济南:山东教育出版社。
高名凯 1948/1986/2011 《汉语语法论》,北京:商务印书馆。
龚千炎 1980 现代汉语里的受事前置句,《中国语文》第5期。
古川裕 2005 现代汉语的“中动语态句式”——语态变换的句法实现和词法实现,《汉语学报》第2期。
顾阳 1997 关于存现结构的理论探讨,《现代外语》第3期。
郭印 2015 《汉英作格致使交替现象的认知功能研究》,北京:科学出版社。
郭继懋 1990 领主属宾句,《中国语文》第1期。
郭继懋 1999 试谈“飞上海”等不及物动词带宾语现象,《中国语文》第5期。
郭良夫 1988 语素和词与词和短语——《关于语素、词和短语》读后,《中国语文》第6期。
郭绍虞 1979 《汉语语法修辞新探》,北京:商务印书馆。
郭绍虞 1985 《中国语词之弹性作用》,《照隅室语言文字论集》(郭绍虞文集之二),上海:上海古籍出版社。
何乐士 1994 元杂剧语法特点研究——从《关汉卿戏曲集》与《敦煌变文集》的比较看元杂剧语法的若干特点,载于程相清主编《宋元明汉语研究》,济南:山东教育出版社。
何文忠 2007 《中动结构的认知阐释》,北京:科学出版社。
何元建 2010 现代汉语中间句的句法结构,《汉语学习》第1期。
贺阳 1994 汉语完句成分试探,《语言教学与研究》第4期。
洪波 2009 周秦汉语“被动语态”之检讨,《历史语言学研究》(第二辑),北京:商务印书馆。
洪心衡 1956 《汉语语法问题研究》,上海:新知识出版社。
胡裕树 2015 《现代汉语》(增订本),上海:上海教育出版社。
黄伯荣、廖旭东 2017 《现代汉语》(增订第6版),北京:高等教育出版社。

黄南松 1994 试论短语自主成句所应具备的若干语法范畴，《中国语文》第6期。

黄行、唐黎明 2004 被动句的跨语言类型对比，《汉语学报》第1期。

黄正德 2007 汉语动词的题元结构与其句法表现，《语言科学》第4期。

姜德梧 2000 《汉语四字格字典》，北京：北京语言文化大学出版社。

蒋绍愚 2018 近代汉语研究的新进展，《陕西师范大学学报》(哲学社会科学版)第3期。

金立鑫 2016 普通话混合语序的类型学证据及其动因，《汉语学习》第3期。

金立鑫、崔圭钵 2019 "把"字句的结构功能动因分析，《汉语学习》第1期。

金廷恩 1999 汉语完句成分说略，《汉语学习》第6期。

孔令达 1994 影响汉语句子自足的语言形式，《中国语文》第6期。

寇鑫、袁毓林 2017 现代汉语"给VP"结构的及物性分析，《汉语学习》第6期。

黎锦熙 1924/2007 《新著国语文法》，长沙：湖南教育出版社。

李泉 2006 试论现代汉语完句范畴，《语言文字应用》第1期。

李珊 1994 《现代汉语被字句研究》，北京：北京大学出版社。

李洁著，戴庆厦审订 2008 《汉藏语系语言被动句研究》，北京：民族出版社。

李劲荣 2018 准双向动词功能扩展的及物性解释，《世界汉语教学》第1期。

李临定 1990 《现代汉语动词》，中国社会科学出版社。

刘顺 2018 《功能—类型学视角下无标记受事前置句研究》,上海:学林出版社。

刘楚群 2010 论中动句的生成动因,《宁夏大学学报》(人文社会科学版)第 4 期。

刘丹青 2012 汉语的若干显赫范畴:语言库藏类型学视角,《世界汉语教学》第 3 期。

刘继超 1997 “被”“把”同现句的类型及其句式转换,《江西师范大学学报》(哲学社会科学版)第 1 期。

刘叔新 1985 现代汉语被动句的范围和类别问题,《句型和动词》,中国社会科学院语言研究所现代汉语研究室编,北京:语文出版社,1985.

刘晓海、石晨 2013 基于生态心理学的汉语中动句生成动因探析,《语言教学与研究》第 4 期。

刘晓林 2004 也谈不及物动词带宾语的问题,《外国语》第 1 期。

刘晓林 2007 也谈“王冕死了父亲”的生成方式,《中国语文》第 5 期。

刘晓林、王文斌 2010 动性弱化、语义自足、作格化与语序类型特征效应,《现代外语》第 2 期。

刘正光、刘润清 2003 Vi+NP 的非范畴化解释,《外语教学与研究》第 4 期。

陆丙甫 2001 从宾语标记的分布看语言类型学的功能分析,《当代语言学》第 4 期。

陆俭明 2005 《现代汉语语法研究教程》,北京:北京大学出版社。

吕叔湘 1946/1983 《中国文法要略》,北京:商务印书馆。

吕叔湘 1947 从主宾语的分别谈国语句子的分析,《开明书店二十周年纪念文集》,叶圣陶著,北京:中华书局。

吕叔湘 1962 说"自由"和"粘着",《中国语文》第1期。
吕叔湘 1965 被字句、把字句动词带宾语,《中国语文》第4期。
吕叔湘 1979/2007 《汉语语法分析问题》,北京:商务印书馆。
吕叔湘 1984/2002 《汉语语法论文集》(增订本),北京:商务印书馆。
吕叔湘 1987 说"胜"和"败",《中国语文》第1期。
吕叔湘 1980/2007 《现代汉语八百词》,北京:商务印书馆。
吕叔湘著 2002 从主语、宾语的分别谈国语句子的分析,《汉语语法论文集》(增订本),北京:商务印书馆。
马建忠 1898 《马氏文通》,北京:商务印书馆。
孟琮等 1999 《汉语动词用法词典》,商务印书馆。
潘文国 2002 《字本位和汉语研究》,上海:华东师范大学出版社。
彭利贞 2007 《现代汉语情态研究》,北京:中国社会科学出版社。
启功 2018 《汉语现象论丛》,北京:商务印书馆。
屈承熹 2001 "及物性"及其在汉语中的增减机制,《语言学问题集刊》(第一辑),戴昭铭、陆镜光主编,长春:吉林人民出版社。
邵敬敏 1983 "把"字句与"被"字句合用小议,《汉语学习》第2期。
申小龙 1990 《中国文化语言学》,长春:吉林教育出版社。
申小龙 2017 汉语功能句型研究的理论和方法,《中文建构的文化视角》(申小龙选编),北京:商务印书馆。
申小龙 2019 《中文的中文性研究》,上海:复旦大学出版社。
沈家煊 2002 如何处置"处置式"?——论把字句的主观性,《中国语文》第5期。
沈家煊 2006a "糅合"和"截搭",《世界汉语教学》第4期。

沈家煊 2006b “王冕死了父亲”的生成方式——兼说汉语“糅合”造句,《中国语文》第4期。
沈家煊 2009 我看汉语的词类,《语言科学》第1期。
沈家煊 2012 “零句”和“流水句”——为赵元任先生诞辰120周年而作,《中国语文》第5期。
沈家煊 2015 汉语词类的主观性,《外语教学与研究》第5期。
沈家煊 2016 《名词和动词》,北京:商务印书馆。
沈家煊 2017 从语言看中西方的范畴观,《中国社会科学》第7期。
沈家煊 2018 比附“主谓结构”引起的问题,《外国语》第6期。
沈家煊 2019a 说四言格,《世界汉语教学》第3期。
沈家煊 2019b 《超越主谓结构——对言语法和对言格式》,北京:商务印书馆。
沈家煊 2020a “互文”和“联语”的当代阐释——兼论平行处理和动态处理,《当代修辞学》第1期。
沈家煊 2020b 有关思维模式的英汉差异,《现代外语》第1期。
沈家煊 2021 动主名谓句——为朱德熙先生百年诞辰而作,《中国语文》第1期。
施春宏 2008 《汉语动结式的句法语义研究》,北京:北京语言大学出版社。
宋亚云 2014 《汉语作格动词的历史演变研究》,北京:北京大学出版社。
唐钰明 1988 唐至清的“被”字句,《中国语文》第6期。
完权 2009 入场理论:认知语法的新进展,《外国语》第6期。
完权 2016 言者主语与隐性施行话题,《世界汉语教学》第4期。
宛新政 2005 《现代汉语致使句研究》,杭州:浙江大学出版社。
王还 1983 英语和汉语的被动句,《中国语文》第6期。

王惠 1997 从及物性关系看现代汉语的句式,《语言学论丛》第19辑。

王力 1943/2014 《中国现代语法》,北京:中华书局。

王力 1980/2003 《汉语史稿》,北京:中华书局。

王力 2017 《中国语法纲要》,北京:中华书局。

王力 2014/2017 《汉语语法史》,北京:中华书局。

王珍 2006 汉语不及物动词带宾语结构存在的认知理据,《汉语学报》第3期。

王冬梅 2014 从"是"和"的"、"有"和"了"看肯定与叙述,《中国语文》第1期。

王国栓 2013 汉语受事主语句范围的限定与中动句的特性,《南开语言学刊》第1期。

王洪君 1994 从字和字组看词和短语——也谈汉语中词的划分标准,《中国语文》第2期。

王洪君 2000 汉语语法的基本单位与研究策略,《语言教学与研究》第2期。

王文丽 2007 现代汉语动词的及物性及相关问题研究,上海师范大学博士学位论文。

王文丽, 陈昌来 2017 基于及物性的现代汉语动词再分类,《华东师范大学学报》(社会科学版)第1期。

王勇、周迎芳 2014 现代汉语中的事件类存在句,《外国语》第3期。

王志军 2004 及物性的典型研究,《外国语》第4期。

王宗炎 1981 关于语素、词和短语,《中国语文》第5期。

吴福祥 2003 再论处置式的来源,《语言研究》第3期。

吴怀成 2016 Salish语和汉语的指称化和陈述化程度差异比较,第二届互动语言学与汉语研究国际学术讨论会论文(上海师范大学),3月18日—20日。

吴怀成 2018 被动态研究的类型视角,《常熟理工学院学报》第6期。

吴怀成 2020 汉语需要中动范畴吗,《汉语学习》第3期。

吴怀成 2021 《事件名词和词类类型》,上海:学林出版社。

吴怀成 2023 处置类受事主语句初探,《汉语学习》第1期。

吴怀成、王文丽 2018 及物性还是作格性:从四组汉语句子说起,《对外汉语研究》第18期。

吴为善 2011 《汉语韵律框架及其词语整合效应》,上海:学林出版社。

吴为善 2012 "V起来"构式的多义性及其话语功能——兼论英语中动句的构式特征,《汉语学习》第4期。

吴为善 2016 《构式语法与汉语构式》,上海:学林出版社。

吴锡根、李志仁 1996 及物动词与不及物动词研究综述,《动词研究综述》,胡裕树、范晓主编,太原:山西高校联合出版社。

吴义诚、李艳芝 2014 语言及物性的构式研究,《外国语》第3期。

徐杰 2001 "及物性"特征与相关的四类动词,《语言研究》第3期。

徐烈炯、刘丹青 2007 《话题的结构与功能》(增订本),上海教育出版社。

徐盛桓 2003 常规关系与句式结构研究——以汉语不及物动词带宾语句式为例,《外国语》第2期。

徐通锵 2014 《语言论——语义型语言的结构原理和研究方法》,北京:商务印书馆。

许红花 2017 及物性视角下"NP受+VP"的句法表现和语用功能,《汉语学习》第5期。

严辰松 2011 汉语没有"中动结构",《解放军外国语学院学报》第5期。

杨明义 2000 《西游记》中“被”“把”合用句略考,《汉语学习》第1期。
杨素英 1999 从非宾格动词现象看语义与句法结构之间的关系,《当代语言学》第1期。
杨佑文 2011 英语中动结构:典型与非典型,《解放军外国语学院学报》第4期。
叶狂、潘海华 2012 把字句的跨语言视角,《语言科学》第6期。
叶狂、潘海华 2017 从分裂作格现象看汉语句法的混合性,《外语教学与研究》第4期。
叶向阳 2004 “把”字句的致使性解释,《世界汉语教学》第2期。
殷树林 2006 “NP+(状)+V+起来+AP”格式与英语中动句比较,《语言教学与研究》第1期。
影山太郎著,于康等译 2001 《动词语义学》,北京:中央广播电视大学出版社。
余光武、司惠文 2008 汉语中间结构的界定——兼论“NP+V-起来+AP”句式的分化,《语言研究》第1期。
俞光中、植田均 1999 《近代汉语语法研究》,上海:学林出版社。
袁健惠 2015 《汉语受事话题句历史演变研究》,上海:中西书局。
张斌 2002 《新编现代汉语》,上海:复旦大学出版社。
张斌、胡裕树 1989 《汉语语法研究》,北京:商务印书馆。
张伯江 2000 论“把”字句的句式语义,《语言研究》第1期。
张伯江 2014 汉语句式的跨语言观——“把”字句与逆被动态关系商榷,《语言科学》第6期。
张伯江 2016 《从施受关系到句式语义》,上海:学科出版社。
张伯江 2019 《说把字句》,上海:学林出版社。

张伯江 2020 什么时候用把字句——基于文本的一项考察,《世界汉语教学》第 2 期。

张赪、荣晶 2009 受事前置句中前置受事的语义属性表达的历史演变,《语文研究》第 4 期。

张德岁 2011 “VP＋AP”结构与中动句关系考察,《汉语学习》第 5 期。

张世禄 1980 关于汉语的语法体系问题,《复旦学报》(社会科学版),语言文字专辑。

张世禄 1983 《张世禄语言学论文集》,上海:学林出版社。

张云秋 1994 汉语受事主语句的理论透视,《齐齐哈尔师范学院学报》第 3 期。

张云秋 2003 典型受事宾语句的句法—语义特征及认知分析,《首都师范大学学报》(社会科学版)第 6 期。

张云秋、周建设 2004 语法结构的经济原则——从汉语受事标记的过度使用谈起,《外语研究》第 1 期。

张志公 1957 《汉语语法常识》,上海:新知识出版社。

张作栋 2007 论李兆洛的“骈散合一”思想,《广西师范大学学报》(哲学社会科学版)第 5 期。

张作栋、袁虹 2011 论孙德谦“骈散合一”思想,《广西师范大学学报》(哲学社会科学版)第 3 期。

赵元任著,吕叔湘译 1979/2005 《汉语口语语法》,北京:商务印书馆。

赵元任 2002 汉语词的概念及其结构和节奏,《赵元任语言学论文集》,北京:商务印书馆。

赵元任著、李荣编译 1952 《北京口语语法》,北京:开明书店。

郑伟娜 2012 汉语把字句的及物性分析,《语言教学与研究》第 1 期。

周红 2006 《现代汉语致使范畴研究》,上海:复旦大学出版社。

周韧 2019 汉语韵律语法研究中的双音节和四音节，《世界汉语教学》第3期。

周宝宽 1995 现代汉语受事前置句研究（上），《辽宁大学学报》第6期。

周国辉 2007 不及物动词及物性结构的多维分析，《外语与外语教学》第7期。

周晓康 1993 汉语里的一种功用句，《世界汉语教学》第3期。

朱德熙 1982 《语法讲义》，北京：商务印书馆。

朱德熙 2010/2014 《语法分析讲稿》，北京：商务印书馆。

朱德熙 1985/2005 《语法答问》，北京：商务印书馆。

朱佳蕾、花东帆 2018 被动主动句——认识把字句句法语义的新视角，《语言教学与研究》第1期。

外文文献：

Alexiadou, Artemis, Elena Anagnostopoulou, and Florian Schäfer. 2015. External arguments in transitivity Alternations: A layering approach [M]. Oxford: Oxford University Press.

Anderson, Stephen R. 1976. On the notion of subject in ergative languages [A]. In Charles N. Li (ed.), Subject and topic [C], 1-25. New York: Academic Press.

Bechert, J. 1979. Ergativity and the Constitution of Grammatical Relations [A]. In Plank, Frans (ed.), Ergativity: Towards A Theory of Grammatical Relations [C], 45-60. London: Academic Press.

Bickel, Balthasar. 2011. Grammatical Relations Typology [A]. In Song, Jae Jung (ed.), The Oxford Handbook of Linguistic Typology [C], 399-444. New York: Oxford University Press.

Blevins, James P. &Blevins, Juliette. 2009. Introduction: Analogy in grammar [A]. In Analogy in Grammar, James P. Blevins&Juliette Blevins (eds.), 1 - 12 [C]. New York: Oxford University Press.

Burzio, Luigi. 1986. Italian Syntx. A Government-Binding Approach [M]. Dordrecht: D. Reidel.

Bybee, Joan L. 1985. Morphology: a study of the relation between meaning and form [M]. Amsterdam/Philadelphia: John Benjamins Publishing Compantny.

Chomsky, Noam. 1970. Remarks on nominalization [A]. In Jacobs, R. & Rosenbaum, P. S. (eds.), Readings in English Transformational Grammar [C]. Boston: Ginn, 184 - 221.

Chung, Taegoo. 1996. On English middle formation [J]. Studies in Generative Grammar 6(2):281 - 317.

Comrie, Bernard. 1977. In defense of spontaneous demotion: the impersonal passive [A]. In Cole, Peter & Sadock, J. M. (eds.), Grammatical Relations [C]. New York: Academic Press, 47 - 58.

Comrie, Bernard. 1978. Ergativity [A]. In Winfred P. Lehmann (ed.), Syntactic Typology. Studies in the phenomenology of language [C], 329 - 393. Sussex: The Harvester Press.

Comrie, Bernard. 1989. Language Universal and Linguistic Typology (Second edition) [M]. Chicago: the University of Chicago Press.

Condoravdi, Cleo. 1989. The middle: Where semantics and morphology meet [J]. MIT Working Papers in Linguistics11: 18 - 30.

Coon, Jessica, Diane Massam & Lisa Travis (eds.). 2017. The Oxford Handbook of Ergativity [C]. New York: Oxford University Press.

Creissels, Denis. 2008. Remarks on split intransitivity and fluid intransitivity [A]. In O. Bonami & P. Cabredo Hofherr (eds.), Empirical issues in syntax and semantics 7 [C], 139 - 168. Paris: Presses de l'Université de Paris-Sorbonne.

Croft, William. 1991. Syntactic Categories and Grammatical Relations: The Cognitive Organization of Information [M]. Chicago: University of Chicago Press.

Croft, William. 1994. Voice: beyond control and affectedness [A]. In Fox, B & Hopper, P. J. (eds.), Voice: Form and Function [C]. Amsterdam/ Philadelphia: John Benjamins Publishing Company, 89 - 118.

Croft, William. 2003. Typology and Universals (Second Edition) [M]. Cambridge: Cambridge University Press.

DeLancey, Scott. 1981. An Interpretation of Split Ergativity and Related Patterns [J]. Language 57(3), 626 - 657.

Dixon, R. M. W. 1979. Ergativity [J]. Language 55(1), 59 - 138.

Dixon, R. M. W. 1994. Ergativity [M]. Cambridge: Cambridge University Press.

Dixon, R. M. W. 2010. Basic linguistic theory (vol. 2) [M]. Oxford: Oxford University Press.

Doron, Edit. 2015. Voice and Valence Change [A]. In T. Kiss& A. Alexiadou (eds.), Syntax: Theory and Analysis [C]. Berlin: Mouton De Gruyter.

Estival, Dominique &Myhill, John. 1988. Formal and

functional aspects of the development from passive to ergative systems [A]. In Masayoshi Shibatani (ed.), Passive and voice [C]. Amsterdam: Benjamins, 441 - 492.

Fagan, S. 1988. The Syntax and Semantics of Middle Constructions [M]. Cambridge: Cambridge University Press.

Foley, W. A. & Van Valin, R. D. 1985. Information packaging in the clause [A]. In T. Shopen (ed.), Language Typology and Syntactic Description. Volume 1: Clause Structure [C]. Cambridge: Cambridge University Press, 282 - 364.

Geniušienė, Emma. 1987. The Typology of Reflexives [M]. Berlin: Mouton de Gruyter.

Givón, T. 2006. Grammatical relations in passive clauses [A]. In Abraham, W. & Leisiö L. (eds.), Passivization and Typology: form and function [C]. Amsterdam/Philadelphia: John Benjamins Publishing Company.

Givón, Talmy. 2001. Syntax: An Introduction (Vol. 2) [M]. Amsterdam/Philadelphia: John Benjamins Publishing Company.

Goldberg, Adele E. 1995. Constructions: A Construction Grammar Approach to Argument Structure [M]. Chicago: University of Chicago Press.

Grice, H. P. 1975. Logic and conversation [A]. In Cole, P. & Morgan, J. L. (eds.), Syntax and Semantics 3: Speech Acts [C], 41 - 58. New York: Academic Press.

Halliday, M. A. K. 1985/1994. An Introduction to Functional Grammar (Second Edition) [M]. London: Edward Arnold.

Haspelmath, Martin. 1990. The grammaticalization of passive morphology [J]. Studies in Language 14:25 - 72.

Haspelmath, Martin. 2003. The Geometry of Grammatical Meaning: Semantic Maps and Cross-linguistic Comparison [A]. In Michael Tomasello (ed.), The New Psychology of Language, Vol. 2 [C]. New York: Erlbaum.

Haspelmath, Martin. 2010. Comparative concepts and descriptive categories in cross-linguistic studies [J]. Languge86(3):663-687.

Haspelmath, Martin. 2011. The indeterminacy of word segmentation and the nature of morphology and syntax [J]. Folia Linguistica 45,1:31-80.

Hopper, P. J. &Thompson, S. A. 1980. Transitive in Grammar and Discourse [J]. Language 56(2):251-299.

Itkonen, Esa. 2005. Analogy as Structure and Process [M]. Amsterdam/Philadelphia: John Benjamins Publishing Company.

Jaxontov, Sergej Je. 1988. Resultative in Chinese [A]. Edited by Vladimir P. Nedjalkov. Typology of Resultative Constructions [C]. Amsterdam: John Benjamins.

Kaufmann, Ingrid. 2007. Middle voice [J]. Lingua117: 1677-1714.

Kazenin, K. I. 2001. The passive voice [A]. In M. Haspelmath, E. Konig, W. Oesterreicher, W. Raible (eds.), Language Typology and Language Universals: An International Handbook [C]. Berlin/New York: Walter de Gruyter, 899-916.

Keenan, E. L. &Dryer, M. S. 2007. Passive in the World's Languages [A]. In T. Shopen (ed.), Language Typology and Syntactic Description. Volume 1: Clause Structure (2nd ed.) [C]. Cambridge: Cambridge University Press, 325 - 361.

Kemmer, Suzanne. 1993. The Middle Voice [M]. Amsterdam & Philadelphia: John Benjamins Publishing Company.

Kemmer, Suzanne. 1994. Middle voice, transitivity, and the elaboration of events [A]. In B. Fox and P. Hopper (eds.), Voice: Form and Function [C]. Amsterdam: John Benjamins.

Kibrik, A. E. 1979. Canonical Ergative and Daghestan Languages [A]. In Frans Plank (ed.), Ergativity: Towards a Theory of Grammatical Relations [C], 61 - 77. New York: Academic Press.

Kibrik, A. E. 1985. Towards a typology of ergativity [A]. In Nichols, Johanna & Woodbury, A. C. (eds.), Grammar inside and outside the clause: some approaches to theory from the field [C], 268 - 323. Cambridge: Cambridge University Press.

Kittilä, Seppo. 2002. Transitivity: Towards A Comprehensive Typology [D]. Ph. D. thesis, University of Turku.

Kittilä, Seppo. 2011. Transitivity Typology [A]. In Song, Jae Jung (ed.), The Oxford Handbook of Linguistic Typology [C], 346 - 367. New York: Oxford University Press.

Klaiman, M. H. 1988. Affectedness and control: a typology of voice systems [A]. In Shitabani, Masayoshi (ed.), Passive and Voice [C]. Amsterdam: Benjamins, 25 - 83.

Klaiman, M. H. 1991. Grammatical Voice [M]. Cambridge: Cambridge University Press.

Kulikov, Leonid. 2006. Passive and middle in Indo-European:

Reconstructing the early Vedic passive paradigm [A]. In W. Abraham & L. Leisiö (eds.), Passivization and Typology: Form and function [C]. Amsterdam: John Benjamins.

Kulikov, Leonid. 2011. Voice Typology [A]. In Jae Jung Song (ed.), The Oxford Handbook of Linguistic Typology [C]. Oxford: Oxford University Press, 368 - 398.

Kulikov, Leonid & Lavidas, Nikolaos. 2015. Reconstructiong passive and voice in Proto-Indo-European [A]. In L. Kulikov & N. Lavidas (eds.), Proto-Indo-European Syntax and its Development [C]. Amsterdam: John Benjamins.

Kurras, Paola Cotticelli & Rizza, Alfredo. 2015. Reconstructing Proto-Indo-European categories: The reflexive and the middle in Hittite and in the Proto-language [A]. In L. Kulikov & N. Lavidas (eds.), Proto-Indo-European Syntax and its Development [C]. Amsterdam: John Benjamins.

Langacker, R. W. 1991. Foundations of Cognitive Grammar (Vol. Ⅱ), Descriptive Application [M]. Stanford: Stanford University Press.

Langacker, Ronald. 2008. Cognitive Grammar: A Basic Introduction [M]. New York: Oxford University Press.

Lazard, G. 1995. Typological research on actancy: the Paris RIVALC group [A]. In Shibatani, M. & Bynon, T (eds.), Approaches to Language Typology [C]. Oxford: Oxford University Press, 167 - 214.

Lekakou, Marika. 2005. In the Middle, Somewhat Elevated: The semantics of middles and its crosslinguistic Realization [D]. PhD dissertation, University of London.

Lekakou, Marika. 2006. A comparative view of the requirement for adverbial modification in middles [A]. In Benjamin Lyngfelt and Torgrim Solstad (eds.), Demoting the Agent: Passive, Middle and Other Voice Phenomena [C]. Philadelphia, PA: John Benjamins Publishing Co..

Lemmens, Maarten. 1998. Lexical Perspectives on Transitivity and Ergativity: Causative Constructions in English [M]. Amsterdam/Philadelphia: John Benjamins Publishing Company.

Li, C. N. &Thompson, S. A. 1976. Subject and topic: a new typology of languages [A]. In Li, Charles (ed.), Subject and topic [C]. New York: Academic Press, 457 - 489.

Li, C. N. &Thompson, S. A. 1994. On "Middle Voice" Verbs in Mandarin [A]. In Fox, B & Hopper, P. J. (eds.), Voice: Form and Function [C]. Amsterdam/Philadelphia: John Benjamins Publishing Company, 231 - 245.

Luraghi, Silvia. 2012. Basic valency orientation and the middle voice in Hittite [J]. Studies in Language36(1):1 - 32.

Lyons, J. 1968. Introduction to theoretical linguistics [M]. Cambridge: Cambridge University Press.

Merlan, Francesca. 1985. Split intransitivity: functional oppositions in intransitive inflection [A]. In Nichols, Johanna & Woodbury, A. C. (eds.), Grammar inside and outside the clause: some approaches to theory from the field [C], 324 - 362. Cambridge: Cambridge University Press.

Næss, Åshild. 2007 Prototypical Transitivity [M]. Amsterdam: John Benjamins.

Nichols, Johanna. 1992. Language diversity in space and time

[M]. Chicago：Chicago University Press.
Parker，Frank. 1976. Language Change and the Passive Voice [J]. Language52(2):449-460.
Perlmutter，David M. 1978. Impersonal Passives and the Unaccusative Hypothesis [J]. Berkeley Linguistics Society 4：157-189.
Plank，Frans. 1979. Ergativity，Syntactic Typology and Universal Grammar：Some past and present viewpoints [A]. In Plank，Frans（ed.），Ergativity：Towards A Theory of Grammatical Relations [C]，1-36. London：Academic Press.
Polinsky，Maria. 2005. Antipassive Constructions [A]. In Martin Haspelmath，Matthew S. Dryer，David Gil，& Bernard Comrie（eds.），The world atlas of language structures [C]. Oxford：Oxford University Press，438-441.
Polinsky，Maria. 2016. Deconstructing Ergativity：Two Types of Ergative Languages and Their Features [M]. Oxford：Oxford University Press.
Shibatani，Masayoshi. 1985. Passives and related constructions [J]. Language61:821-848.
Shibatani，Masayoshi. 1988. Passive and Voice [C]. Amsterdam/Philadelphia：John Benjamins Publishing Company.
Siewierska，Anna. 1984. The Passive：A Comparative Linguistic Analysis [M]. London：Croom Helm.
Siewierska，Anna. 2005. Passive Constructions [A]. In Martin Haspelmath，Matthew S. Dryer，David Gil，& Bernard Comrie (eds.)，The world atlas of language structures [C].

Oxford: Oxford University Press, 434 - 435.

Sinha, A. K. 1978. Another look at the universal characterization of the passive voice [J]. CLS14: 445 - 457.

Song, Jae Jung. 2008. Linguistic Typology: Morphology and Syntax [M]. Beijing: Peking University Press.

Sroik, T. 2006. Arguments in middles [A]. In Benjamin Lyngfelt and Torgrim Solstad (eds.), Demoting the Agent: Passive, Middle and Other Voice Phenomena [C]. Philadelphia, PA: John Benjamins Publishing Co..

Tai, James. 1984. Verbs and Times in Chinese: Vendler's Four Categories [A]. In D. Testen, V. Mishra&J. Drogo (eds.), Paper from the Parasession on Lexical Semantics [C], 289 - 296. Chicago: Chicago Linguistic Society.

Toyota, Junichi. 2008. Diachronic Change in the English Passive [M]. Basingstoke: Palgrave Macmillan.

Trask, R. L. 1979. On the Origins of Ergativity [A]. In Plank, Frans (ed.), Ergativity: Towards A Theory of Grammatical Relations [C]. New York: Academic Press, 385 - 404.

Trask, R. L. 1996/2009. Historical Linguistics [M]. Peking: Foreign Language Teaching and Research Press.

Tsunoda, Tasaku. 1985. Transitivity [A]. In R. Asher, & J. M. P. Simpson (Eds.), The Encyclopedia of Language and Linguistics [C], 4670 - 4677. Oxford: Pergamon.

Ungerer, Friedrich & Schmid, Hans-Jörg. 2006. An Introduction to Cognitive Linguistics (Second Edition) [M]. London: Longman.

Verbeke, Saartje. 2013. Alignment and Ergativity in New Indo-Aryan Languages [M]. Berlin/Boston: Walter de Gruyter

GmbH.

Woolford, Ellen. 2015. Ergativity and Transitivity [J]. Linguistic Inquiry 44(3):489 – 531.

Yi, Yan &Siewierska, Anna. 2011. Referential impersonal construction in Mandarin [A]. In Andrej Malchukov and Anna Siewierska (eds.), Impersonal Constructions: A cross-linguistic perspective [C]. Amsterdam & Philadelphia: John Benjamins Publishing Company, 547 – 580.

后　　记

本书是对本人最近几年关于汉语语态和及物性研究的一个小结，是对十篇单篇论文的结集出版。其中大部分内容都在期刊上面发表了。不足之处已在余论中交代过，此处不赘。下面想谈一下本人对汉语语法研究现状的忧虑。

张世禄(1980)曾指出，自《马氏文通》伊始，八九十年中间，研究、学习汉语语法的，几乎全部抄袭西洋语法学的理论，或者以西洋语言的语法体系为基础，来建立汉语的语法体系(见《复旦学报·语言文字专辑》，又载入申小龙选编《中文构建的文化视角》)。遗憾的是，前辈学者的教导和警示，我们后辈学者中仍然有很多人没有放在心上，当今汉语语法研究中，比附西洋理论者仍然不少。仅举两例在此说明：一个是最近语言学群中争论“秀”到底是语素还是词；另一个也是最近语言学群中争论某些字组到底是词还是短语。造成这些争论的根本原因就是用西洋理论分析汉语造成的。古汉语是单音节语，现代汉语是单双音节并存，古时候可以单用的字到了现代汉语，有些渐渐无法自由使用，但又不都是无法自由使用(见吕叔湘《说“自由”和“粘着”》)。实际上，一个二字组合，一种是混合物(“东西”不读轻声时)，就像把氢气和氧气装在一个瓶子里；一种是化合物(“东西”读轻声时)，就像氢气在氧气中燃烧生成水。氢和氧生成水多了一个“燃烧”条件，就像东和西生成复合词“东西”多了一个“轻声”条件。汉语双音化后，词缀和轻声的产生可能就是为了辨别词(固定字组)和短语(非固定字组)之间的区别，但是又无法做到一刀切，因为大多数情况下，我们看不到这种化合物(复合词)的条件是什么。汉语字和字组就像《易经》中说的“一生二”“二合一”，从而造成了汉语语词之弹性(郭绍虞语)。汉语中的二字组到底是词还是短语，必须要共时历时相结合来把握。固定二字组，是汉语造字突破“一”字(见徐通锵《语言论》)的必然结果，功能上等于一个字的功能，这就造成同样的组合既有词也有短语(拉车是短语，拉面是词)，甚至同一组合既是词又是短语(捐款、剪纸等)(见吴怀成 2021)。

另一个让人痛心的事是，汉语学界有一位研究汉语语法一辈子的教授，得出了一个令人惊讶的结论：汉语不是一个成熟的语言系统。我们不知道这位学者得出这一结论的依据是什么，我们的猜测是拿汉语语法跟西洋语法进行比附得出的。就像我们余论中所说的，说汉语没有被动语态只能说是汉语没有西洋语法的被动语态，但是不能因为汉语没有西洋式的语法系统就得出汉语是一种不成熟的语言系统，西洋语法不可能是世界几千种语言的普遍性标准。

本人近些年，一直在反思汉语语法研究中存在的问题，一些基础性的问题成了经院式的争论，这也鞭策我们沿着前辈们的足迹，继续前进，继续努力，为汉语语法研究献出自己微薄的力量。

最后，在本书即将出版之际，感谢一直关心我学术成长的亲朋好友。本书中有个别章节是与王文丽女士合作完成的，在此谨致谢忱。也感谢上海三联书店杜鹃女士为本书的出版所给予的帮助和支持。

图书在版编目(CIP)数据

汉语语态和汉语句法/吴怀成著. —上海：上海三联书店，2023. 4

ISBN 978 - 7 - 5426 - 8096 - 9

Ⅰ. ①汉…　Ⅱ. ①吴…　Ⅲ. ①汉语—语法—研究　Ⅳ. ①H14

中国国家版本馆 CIP 数据核字(2023)第 065742 号

汉语语态和汉语句法

著　　者 / 吴怀成

责任编辑 / 杜　鹃
装帧设计 / 一本好书
监　　制 / 姚　军
责任校对 / 王凌霄

出版发行 / 上海三联书店
(200030)中国上海市漕溪北路 331 号 A 座 6 楼
邮　　箱 / sdxsanlian@sina.com
邮购电话 / 021 - 22895540
印　　刷 / 上海惠敦印务科技有限公司

版　　次 / 2023 年 4 月第 1 版
印　　次 / 2023 年 4 月第 1 次印刷
开　　本 / 890 mm × 1240 mm　1/32
字　　数 / 150 千字
印　　张 / 6.625
书　　号 / ISBN 978 - 7 - 5426 - 8096 - 9/H・127
定　　价 / 68.00 元

敬启读者，如发现本书有印装质量问题，请与印刷厂联系 021 - 63779028